Über
die billigste Vertheilungsregel und die angemessenste Erhebungsart der Steuern.

Ein Nachtrag

zu der im Jahr 1849 erschienenen Schrift:

„Von den Mitteln, den Zustand der Arbeiter gründlich und auf die Dauer zu verbessern."

Berlin.
Druck und Verlag von G. Reimer.
1850.

Die auf dem Titel der gegenwärtigen Blätter genannte Schrift enthält im Abschnitt IV. S. 69 bis 101, als zu ihrem Gegenstande gehörig, auch die Ermittlung und Aufstellung einer billigen Vertheilungsregel und einer angemessenen Erhebungs-Art der *Steuern;* mit einem zur Verdeutlichung an dem Preufsischen Staate genommenen Beispiele.

Dieser Theil der Schrift bedarf aber eines Nachtrages oder Zusatzes, enthaltend eine noch weitere Vereinfachung der Steuervertheilungsregel und eine Berichtigung der Zahlen in dem Beispiele. Auf die Verbesserung der Vertheilungsregel ist der Verfasser durch fernere sorgfältige Erwägung des Gegenstandes gekommen, zum Theil in Folge von Bemerkungen einsichtiger Männer über seine Sätze; und die Nothwendigkeit der Berichtigung der Zahlen ist daraus entstanden, dafs die Schrift entfernt von dem Wohnorte des Verfassers niedergeschrieben wurde, wo ihm nicht hinreichende Zahlen-Angaben zur Hand waren und er die Zahlen zum Theil aus dem Gedächtnisse nehmen mufste.

Da nun der Gegenstand so überaus wichtig und so eben jetzt überall dringend an der Tages-Ordnung, die Frage aber für die Ausübung von ihrer richtigen Lösung offenbar noch weit entfernt ist, so hält es der Verfasser gleichsam für Pflicht, die nöthige Verbesserung und Berichtigung seines die Steuern betreffenden Vortrages hier mitzutheilen. Er thut Dies, obgleich er dabei zum Theil gegen seine eigene Ansichten streitet, unbedenklich, da er, schuldigermaafsen jedesmal Gründen nachgebend, nur dahin strebt, der Wahrheit so nahe zu kommen als möglich und das gemeine Beste fördern zu helfen; und zwar, ohne für sich selbst dabei nach irgend einem Gewinne oder Ruhme zu trachten.

Die Berichtigung würde sich durch Bezeichnung derjenigen Stellen der Schrift geben lassen, wo die Veränderungen nöthig sind, und durch Beifügung der dienlichen Veränderungen an diesen Stellen. Allein einestheils würde so der Nachtrag nur Denen verständlich sein, welche die Schrift zur Hand haben: anderntheils würde der Vortrag an Deutlichkeit und Übersichtlichkeit verlieren. Daher wird es besser sein, lieber den Abschnitt der Schrift „Von den Steuern" zusammenhangend und folgerichtig von Neuem und wo es nöthig verändert abzuhandeln; zugleich mit noch näheren, ausführlicheren, gründlicheren und eindringlicheren Erörterungen des Gegenstandes; den Vortrag noch deutlicher ausgeführt und die Beweise noch geschärft. Es wird Dies um so mehr besser sein, da der ganze Abschnitt in der Schrift nur zwei Bogen stark ist und wohl schon eben so viel Raum zu den einzelnen Berichtigungen nöthig sein würde; ohne die nöthigen Zusätze und Erweiterungen. So, übersichtlich, wird der gegenwärtige Nachtrag auch für sich allein und unabhängig von der Schrift gelesen werden können. Die Abweichungen von dem frühern Vortrage werden sich im Verlaufe der Abhandlung in Kurzem andeuten lassen.

Wir geben also hier den Abschnitt „Von den Steuern", eben wie in der Schrift im *Zusammenhange*, wie folgt.

§. 1.

Da in jedem Staate, das heifst in jeder verbündeten Genossenschaft, Das was zur Erhaltung der Verbündung und zur Förderung des Gemeinwohls dient und nothwendig ist, namentlich die Vertheidigung des Staats nach Aufsen, die Aufrechterhaltung der Ordnung und die Handhabung der Gesetze im Innern, die Pflege des Rechts, die Leitung der Kirche, der öffentliche Unterricht, die Gesundheitspflege, die Besorgung der Anstalten zur Förderung des Handels und Verkehrs, die Förderung der Wissenschaften und Künste u. s. w., jedenfalls nur durch besonders damit beauftragte Personen wirksam ausführbar ist, an deren Spitze die Regierung steht, jene Personen aber nothwendig ihre ganze Zeit und Thätigkeit den ihn übertragenen Geschäften widmen, also auch die Mittel zu ihrer und ihrer Familien Erhaltung ihnen gewährt werden müssen: so müssen die dazu nöthigen Kosten, welche auch immer die Form der gesellschaftlichen Verbündung sein mag, von den Genossen derselben zusammengesteuert werden. Die Steuern sind für jeden Einzelnen *eine völlig eben so nothwendige und unvermeidliche Ausgabe,* wie die für seine unentbehrlichsten Bedürfnisse; denn ohne das Obengenannte würde die Gesellschaftsverbündung gar nicht bestehen können; die Einzelnen würden unter sich zerfallen und dann sehr bald in die Willkür verbündeter Nachbarn gerathen. Niemand kann ganz steuerfrei sein; auch nicht der Ärmste; denn Jedem, ohne alle Ausnahme, kommen die Vortheile der gesellschaftlichen Verbündung zu gut.

Aber es ist gerecht und billig, dafs die Steuern *verhältnifsmäfsig vertheilt und auf eine möglichst wenig beschwerende Art* erhoben werden.

Um zu sehen, wie dies auszuführen sein dürfte, ist

Erstlich, das *Maafs* der Steuern und die billige, verhältnifsmäfsige *Höhe* derselben für die verschiedenen Einzelnen und dann

Zweitens, die beste *Art ihrer Erhebung* zu ermitteln: Letzteres, weil selbst eine Steuer, die verhältnifsmäfsig gar nicht zu hoch ist, durch die Art der Erhebung sehr drückend werden kann; z. B. wenn man sie von den Ärmeren jährlich auf einmal in baarem Gelde verlangt.

§. 2.

Da der Zweck und die Wirkung der Steuern für die Einzelnen dasjenige Wohl ist, welches für sie aus der gesellschaftlichen Verbündung hervorgeht, so ist es gerecht und billig, dafs Jeder im Verhältnifs *dieses Wohls* zu den Steuern beitrage.

Das Wohl besteht freilich nicht blofs in dem leiblichen (materiellen), sondern auch in dem geistigen Wohlsein: aber das letztere zu messen ist nicht allein unmöglich, sondern es kommt auch hier nicht in Betracht; denn die innere Zufriedenheit ist in jeder Lage möglich und hangt zunächst von dem Einzelnen selbst und seinen nächsten Berührungen ab, wohinein der Gesellschaft keine Einmischung zusteht, weil eine solche die persönliche Freiheit unberechtigt beschränken würde. Sein geistiges Wohl verdankt Jeder insbesondere sich selbst und seiner Familie; der Gesellschafts-Verbündung nur in so weit es von dem leiblichen Wohle abhangt.

Also kann nur das leibliche Wohl das Maafs der Besteurung sein.

§. 3.

Da das leibliche Wohl, nemlich die Behaglichkeit des Lebens, sehr ungleich ist, so würde zunächst (was kaum zu erinnern nöthig) eine gleich hohe oder *Kopfsteuer* völlig ungerecht sein. Die Steuer mufs im Verhältnifs des leiblichen Wohls stehen.

§. 4.

Die vereinzelte Besteurung der Bedürfnisse und Thätigkeiten, wie sie jetzt Statt findet und allmälig, gleichsam geschichtlich sich entwickelt hat, trifft die Steuernden ebenfalls nicht im Verhältnifs ihres leiblichen Wohls.

Die Steuer auf Salz, Brod und Getränke nemlich beträgt für Jeden fast gleich viel, indem ziemlich Alle von jenen unentbehrlichsten Dingen gleich viel verbrauchen. Diese Steuern gleichen also einer Kopfsteuer. Schon die Salz- und Branntweinsteuer beträgt aber, wie sich weiter unten zeigen wird, für die ärmeren und ärmsten Classen mehr, als vom Steuerbedarf des Staats im Verhältnifs ihres leiblichen Wohls auf sie fällt. Also überschreiten schon diese Steuern allein die Grundregel der Steuervertheilung.

Andere Steuern, die Der welcher sie bezahlt nicht *trägt*, sondern nur *auslegt* und im Einzelnen *zurücknimmt*, namentlich die Grundsteuer, Schlachtsteuer, Gewerbesteuer, Strafsensteuer, die Grenzzölle u. s. w., die zuletzt von den Verbrauchern der rohen und der verarbeiteten Erzeugnisse in den Preisen derselben einschliefslich bezahlt werden, vertheilen sich zwar mehr nach dem Verhältnifs des leiblichen Wohls der Einzelnen, weil der Betrag für sie im Verhältnifs ihrer Bedürfnisse, also ihrer Genüsse, steigt: allein sie sind nicht geeignet, das richtige Verhältnifs *auszugleichen*, weil, wie bemerkt, schon die oben genannten Steuern auf die unentbehrlichsten Bedürfnisse dieses Verhältnifs für die ärmeren und ärmsten Classen überschreiten, die andern Steuern also die Überschreitung nur noch verstärken.

Zudem sind einige Steuern von der Art, dafs sie den Verkehr und nützliche Thätigkeiten erschweren und hemmen. Die Strafsensteuern z. B. sind nichts anders als Binnenzölle; und es ist allbekannt, wie sehr dergleichen Zölle den Verkehr lähmen. Es ist eine Art von Widerspruch, mit grofsen Kosten Strafsen zur Förderung und Erleichterung des Verkehrs zu bauen und dann ihre Benutzung wiederum durch den Zoll zu erschweren, also dadurch den Verkehr wieder zu lähmen. Bei den Eisenbahnen sind auch noch die höheren Zinsen, die sogenannten Dividenden, welche Diejenigen, die das Geld zu den Kosten der Eisenbahnen hergegeben haben, durch Erhöhung der Fahrpreise und durch Auswahl besonders Dessen, was am meisten einträgt, zu erlangen suchen, wahre Strafsenzölle. Alle Strafsenzölle aber vermindern und erschweren die Vertheilung und den Austausch der Erzeugnisse; in welchem Austausch gleichwohl ein Hauptmittel der Förderung des allgemeinen Wohlseins, ja ein sachlicher Hauptnutzen der Verbündung der Gesellschaft selbst besteht; sie erschweren den Austausch nicht allein dadurch, dafs sie Das was ausgetauscht wird vertheuern, sondern auch, und wohl noch mehr, dadurch, dafs Vieles, was, wenn es ausgetauscht würde, gröfseren Nutzen bringen würde, davon ganz ausgeschlossen bleibt, weil es wegen seines im Verhältnifs zum Sachwerth zu grofsen Gewichts die Strafsenzölle nicht tragen kann. Durch diesen letzteren Umstand geht, besonders für die Eisenbahnen, ein grofser Theil des Nutzens dieses so mächtigen Beförderungsmittels des Verkehrs rein verloren. Es schaden also die Strafsenzölle dem Gemeinwesen, selbst noch weit über ihren Betrag hinaus, sehr bedeutend.

Ferner die Grundsteuer und die mancherlei Gewerbesteuern auf die Erzeugung und Bearbeitung von Bedürfnissen erfordern, da sie von Denen welche sie zahlen ausgelegt werden müssen und ihnen erst von den einzelnen Verbrauchern (zuweilen auch nicht ganz) wieder einkommen, Mittel zu den Auslagen. Sie bringen also Den, der die Auslagen nicht machen kann, gegen den Begüterteren in nicht billigen Nachtheil und hemmen so die Benutzung der Arbeitskräfte, den Ackerbau und die Bearbeitung der rohen Erzeugnisse; auch werden sie noch unmittelbar dadurch erhöht, dafs jede Auslage nothwendig ihre Zinsen und eine Sicherheit für das Wagnifs tragen mufs. Auch die Strafsensteuer hat diesen Übelstand noch zu ihren andern.

So schaden diese und jene Steuern dem Gemeinwohle, oder hindern und hemmen wenigstens die Förderung desselben; und da nun das Gemeinwohl nichts anderes ist als die Summe des Wohls der Einzelnen, so schaden sie, aufser durch ihre Nicht-Verhältnifsmäfsigkeit zu dem Wohle der Einzelnen, wo diese Statt findet, diesem auch noch weiter mittelbar auf die angezeigte Weise. Vermindertem Wohle aber fallen weiter Steuern wiederum um so schwerer.

Die jetzige Classensteuer vermag ebenfalls nicht, die nicht angemessene Vertheilung der Steuern auszugleichen; denn sie ist nur eine Zulage zu den übrigen.

Aus allen diesen Gründen sind auch die jetzigen Steuern nicht die rechten; denn sie sind bei weiten nicht nach dem allein richtigen Maafse, dem leiblichen Wohle der Einzelnen, vertheilt. Die richtige Regel der Vertheilung der Steuern hat zwar ohne Zweifel der Steuergesetzgebung längst vorgeschwebt, aber sie ist noch nicht ausgeführt.

In der neueren Zeit ist Dies auch vollkommen eingesehen und beherzigt worden. Es ist anerkannt worden, dafs die Steuern die Steuernden nicht im Verhältnifs ihres Wohlseins, sondern die ärmere Classe gegen die Andern in zu starkem Maafse treffen. Das Letztere wird noch weiter besonders dadurch vergröfsert, dafs der erste Unterricht der Kinder nicht aus den Steuern, sondern von den Einzelnen selbst bezahlt wird; was dann grade Die am schwersten trifft, die viele Kinder haben, zu deren Erhaltung sie schon mehr bedürfen, als Andere.

Es ist nun die Frage, wie und auf welche Weise eine richtigere Vertheilung der Steuern zu erzielen sei. Es sind dazu Steuern von Vermögen und Einkommen vorgeschlagen worden. Wir wollen untersuchen, wie es sich mit dieser Art von Steuern verhalten würde.

§. 5.

Das *Vermögen* oder der Geldwerth des Besitzes scheint wirklich beim ersten Anblick das Maafs des leiblichen Wohls, also auch das Maafs der Besteurung zu sein. Aber Beides ist bei weitem nicht der Fall.

Denn gar Viele, die nur wenig oder gar kein Vermögen haben, befinden sich gleichwohl durch ein mehr oder weniger festes Einkommen von ihrer Arbeit eben so behaglich, als Vermögende. Ein Einkommen aus Arbeit aber etwa als die Zinsen einer Vermögenssumme anzusetzen, wäre *ungerecht;* schon weil der Werth eines vorhandenen und eines nur eingebildeten, nicht vorhandenen, von der Arbeit abhängigen Besitzes gar sehr verschieden ist, indem die zweite Art des Besitzes mit der Arbeit aufhört, die erste nicht, und es von dem Besitzer des Einkommens viel weniger abhangt, sich selbes für die Dauer zu erhalten, als es mit den Zinsen der Summe, wenn er sie besäfse, der Fall sein würde. Sodann steht auch die Behaglichkeit, welche die Besitzenden aus ihrem Vermögen, nicht sich verschaffen können, sondern sich wirklich verschaffen, keinesweges in geradem Verhältnifs zu demselben. Also ist das Vermögen schon nicht das Maafs des leiblichen *Wohls.*

Ferner würde man, wenn die Steuer nach dem Geldwerth des Besitzes abgemessen werden sollte, billigerweise, nachdem der Werth des Besitzes auf irgend eine Weise ermittelt worden, die Schulden für welche der Besitz verpfändet ist, davon abziehen müssen, weil Das, was verpfändet ist, gar nicht mehr dem Besitzer gehört, sondern vielleicht jeden Augenblick von dem Gläubiger in Anspruch genommen werden kann. Das Pfandgeben ist schon eine Art von Verkauf; nur mit der Bedingung, dafs das Pfand gegen die Bezahlung der Schuld zurückgekauft werden kann. Dann aber würde Der, dessen Besitz ganz verpfändet ist, nach dem Grundsatze der Vermögensteuer streng genommen gar keine Steuer zu bezahlen haben. Ja, folgerichtig würde sogar Der, dessen Besitz zur Tilgung seiner Schulden nicht hinreicht, von der Steuercasse, statt an sie zu zahlen, noch Geld bekommen müssen; was denn doch sehr wunderlich wäre: Also ist Vermögen auch nicht das richtige Maafs der *Steuer.*

Weiter sind Vermögen und Besitz im Allgemeinen als Ergebnisse nützlicher Thätigkeit anzusehen (schädliche Erwerbsthätigkeiten zu hindern, sind die Gesetze bestimmt). Also würde eine mit dem Besitze steigende Steuer eine nützliche Thätigkeit hemmen; und die Hemmung des Erwerbes, besonders eines bescheidenen Eigenthums, ist dem Volkswohle schädlich.

Endlich ist der Steuer-Erhebung die Ausmittlung des Vermögensbetrages ohne drückende und dem Wohle Vieler wesentlich schädliche Einmischung in die persönlichen Verhältnisse der Einzelnen, also ohne die schmerzlichste Verletzung der persönlichen Freiheit, nicht möglich. Der Betrag eines Vermögens, des unbeweglichen sowohl, als des beweglichen, ist in so hohem Grade unbestimmt, veränderlich und schwankend, dafs viele, ja die meisten Besitzer, auch mit dem besten und gewissenhaftesten Willen, selber gar nicht im Stande sind, ihn auch nur näherungsweise anzugeben. Ein Kaufmann kann heute reich, morgen arm sein; der Eigenthümer von Grundstücken vermag nicht, ihren Werth auszusagen, weil derselbe von vielen zufälligen Umständen abhangt und schnell und sehr bedeutend sich ändern kann; weshalb denn auch die Selbstschätzung kein sicheres Mittel zum richtigen Ansatze des Vermögensbetrages abgiebt.

Also auch eine Vermögensteuer ist nicht die richtige und billige.

§. 6.

Mit dem *Einkommen* ist es nicht viel anders, als mit dem Vermögen. Ein Einkommen *ohne* Arbeit und ein Einkommen *durch* Arbeit haben einen gar verschiedenen Werth; aus den schon oben gedachten Gründen. Gesetzt z. B. Jemand habe ein Einkommen von 300 Thlr. jährlich, die er von einem Andern für eine gewisse, demselben zu leistende Arbeit empfängt, so würde der Arbeitgeber dem Arbeiter, wenn er mit demselben übereinkäme, die jährliche Zahlung für die auf eine gewisse Zeit bedungene Arbeit durch eine bestimmte Summe abzulösen, keinesweges 7500 Thlr. dafür geben können, als die Summe, deren Zinsen zu 4 v. H. 300 Thlr. jährlich betragen: denn mit 7500 Thlr. würde er die Arbeit nicht blofs für die bestimmte Zeit, sondern für immer bezahlen. Er würde nur so viel zahlen können, als hinreicht, dem Arbeiter auf die bedungene Zeit, durch die Zinsen davon und durch die allmälige Erschöpfung der Summe, die 300 Thlr. jährlich zu sichern; und dies kann viel weniger betragen als 7500 Thlr.; z. B. auf zehn Jahre offenbar weniger als 3000 Thlr. (namentlich nur etwa 2433 Thlr.). Also haben gleiche Einkommen, ohne Arbeit und durch Arbeit, einen sehr verschiedenen *Werth* für das leibliche *Wohl*, und dürfen folglich auch nicht gleich hoch besteuert werden.

Sodann gewähren auch gleich hohe Einkommen, ohne Arbeit, und durch *schwere* Arbeit, offenbar noch ein gar sehr verschiedenes Maafs der Behaglichkeit: also kann das Einkommen nicht das Maafs der *Steuer* sein.

In Rücksicht auf Schulden und Zinsen dafür verhält es sich ähnlich, wie bei dem Vermögen.

Eben so in der Rücksicht, dafs eine Einkommensteuer die für Alle so nützliche Erwerbsthätigkeit lähmen würde.

Ferner ist die Behaglichkeit, welche sein Einkommen Dem gewährt, der eine starke Familie zu ernähren hat, oder Dem, welcher an einem theuern Orte lebt, gar sehr verschieden von der Behaglichkeit, die Derjenige aus dem gleich hohen Einkommen zieht, welcher allein steht, oder Der, welcher an einem wohlfeileren Orte wohnt.

Endlich würde die Ausmittlung des Betrages der Einkommen nur bei den Besoldeten leichter und sicherer sein, als die des Vermögens. Alle Andern, die keine feste Einnahme haben: Kaufleute, Fabricanten, Handwerker, Landwirthe u. s. w. sind selber nicht im Stande, ihr Einkommen, auch nur näherungsweise, mit Sicherheit anzugeben.

Folglich ist auch die *Einkommensteuer* nicht die rechte und billige.

§. 7.

Beim ersten Anblick haben immer allerdings *Vermögen-* oder *Einkommensteuer* einen starken *Schein* der Billigkeit. Aber auch nur einen *Schein*, der nur aus einer flüchtigen Ansicht, nicht aus gründlicher Erwägung entspringen kann. In der That scheint der erste Gedanke daran nur mehr augenblicklich der Anerkennung der offenbaren Ungerechtigkeit einer Kopfsteuer oder gleichen Besteurung Aller gefolgt zu sein, während er an sich selbst nur insbesondere von dem Satze auszugehen scheint, daſs man sich hüten müsse, da zu viel zu erlangen und zu nehmen, wo Wenig ist; oder auch von der Meinung, daſs man da Viel nehmen dürfe, wo Viel ist, und nur Wenig, wo Wenig ist. Aber diese Meinung hat noch eben keinen Rechts- oder Billigkeitsgrund. Denn wäre das, so müſste, folgerichtig, der Begütertere auch Alles was er kauft, vonrechtswegen, theurer bezahlen, als der Ärmere. Dies geschieht freilich in manchen Fällen; aber nicht mit Fug und Recht, weil der Preis und Werth der Dinge nicht im entferntesten von dem Vermögen des Käufers abhangt, sondern für ihn nur von seinem Bedürfniſs. Es wäre Das nichts anders als der Anfang einer unberechtigten Gleichmachung des Besitzes. Man darf Den, welcher mehr besitzt, oder mehr einnimmt als ein Anderer, keineswegs deshalb höher besteuern, weil er mehr *hat*, oder mehr *einnimmt*, sondern nur *deshalb*, weil ihm durch seinen gröſseren Besitz, oder durch seine gröſsere Einnahme, die er dem seine Thätigkeit schützenden und fördernden Gesellschafts-Verbande verdankt, mehr Behaglichkeit zugeführt werden kann. Da indessen Vermögen und Einkommen, wie oben gezeigt, noch keineswegs das wahre Maaſs der Behaglichkeit sind, so sind sie nicht das *Maafs der Steuer.* Die *Erhebung* einer Vermögen- oder Einkommensteuer mag allerdings leichter und sicherer sein, als die der Kopfsteuer, denn sie stöfst seltener auf den Übelstand, da Etwas zu verlangen, wo nicht Hinreichendes vorhanden ist: aber deshalb ist die Steuer noch keinesweges billig.

§. 8.

Weder die blofse Zahl der Personen, noch Vermögen und Einkommen sind also, wie bewiesen, das richtige und gerechte Maafs der Steuer: welches ist denn nun dieses Maafs?

Die Beantwortung der Frage liegt, in Folge des unbestreitbaren Grundsatzes, dafs die Steuern nach dem leiblichen Wohle der Einzelnen abgemessen werden müssen, auf der Hand. Offenbar sind die *jährlichen Ausgaben* der Gesellschafts-Mitglieder das wahre und alleinige *Maafs* der Steuer; denn mit den Ausgaben stehen die *Genüsse,* also das *leibliche Wohl* der Einzelnen, in geradem Verhältnifs; wenigstens nach ihrer eigenen Meinung; und da nun die Genüsse durch den Gesellschaftsverband, und nur durch diesen, den Einzelnen erhalten und gesichert werden, so ist es gerecht und billig, dafs sie zu den Kosten des Gesellschaftsverbandes im Verhältnifs ihrer Genüsse und folglich im Verhältnifs ihrer *Ausgaben* beisteuern; natürlich mit Rücksicht auf die geringere oder gröfsere *Nothwendigkeit* der Ausgaben und auf die *Theurung* oder *Wohlfeilheit* der Gegend.

Die Ausgabesteuer hat aufserdem die Übelstände der andern Steuer-Arten nicht.

Zunächst sind die *Ausgaben* weniger und mindestens nicht so plötzlich *veränderlich,* als Vermögen und Einkommen.

Sodann liegen sie *zu Tage*, und es kann also auch die Selbst-Angabe, zumal wenn sie nach gewissen Regeln und vorausbestimmten Grundsätzen verlangt wird, ohne allzulästiges Eindringen in die persönlichen Verhältnisse der Einzelnen sehr wohl mit hinlänglicher Sicherheit beurtheilt werden; in streitigen Fällen am Ende durch die Mitbürger.

Ferner trifft die Ausgabesteuer nicht die *Erwerbsthätigkeit;* im Gegentheil kann sie dieselbe nur ermuntern, weil die Steuer noch keinesweges nothwendig mit dem Erwerbe steigt.

Endlich hemmt sie die *Verschwendung,* die nur zu oft unsittlich und dem Gemeinwesen auf vielerlei Art schädlich ist, und treibt zur Sparsamkeit an, welche nicht allein ein Förderungsmittel der Sittlichkeit, sondern auch das wahre und rechte Vergröſserungsmittel des Volks-Vermögens ist: denn Besitz oder Vermögen (Capital) entsteht nur aus dem Überschusse der Einnahme über die Ausgabe. Aus vergröſsertem Vermögen sind aber auch wieder vergröſserte Ausgaben ohne Verschwendung möglich, und erfolgen von selbst.

Der Einwand, welcher sich gegen die Ausgabesteuer machen läſst, daſs der Sparsame von ihr verhältniſsmäſsig zu wenig würde getroffen werden, ist theils, was die eigentlich Geizigen betrifft, wenig erheblich, theils in Bezug auf die bloſs Sparsamen unrichtig. Die Zahl der eigentlich Geizigen nemlich ist nur klein, und gewöhnlich sind ihre Erben nicht wieder Geizige und zahlen also bald reichlich nach, was etwa der Erblasser an Steuern zu wenig entrichtet hat. Für die bloſs Sparsamen aber ist es grade Recht, daſs sie weniger steuern, als die Verschwender; denn sie verdienen für ihre Sparsamkeit eine Ermäſsigung der Steuer, weil die Sparsamkeit, wie oben bemerkt, die Sittlichkeit fördert und das Volksvermögen vergröſsert; die Verschwender ihrerseits verdienen für die beiden Gegentheile eine Buſse. Auch hat sich der Verschwender nicht eben zu beklagen: denn wenn er für unnütze Dinge sein Geld verthut, so mag er auch noch zu Nützlichem, nemlich für den Gesellschaftsverband, einen verhältniſsmäſsigen Theil hingeben.

§. 9.

Zusammengenommen verhält es sich mit der Vermögen- und Einkommensteuer, der Ausgabesteuer gegenüber, wie folgt.

Erstlich. Vermögen und Einkommen lassen sich nicht richtig ausmitteln; nicht einmal von dem Besitzer selbst, und noch weniger von Andern: die Ausgaben dagegen liegen zu Tage, und die Selbstschätzung ist eher zu prüfen möglich. Verlangt man von dem Steuerpflichtigen durchaus eine Selbst-Angabe seines Vermögens, oder Einkommens, so verlangt man von ihm Unmögliches und zwingt ihn, eine Unwahrheit zu sagen, wohl gar einen Meineid zu schwören; was vielmehr das Gesetz möglichst zu verhindern suchen sollte. Verlangt man dagegen die Selbst-Angabe der jährlichen Ausgaben, so verlangt man nur Mögliches von ihm, und nur, dafs der Steuerpflichtige die *Wahrheit* sage; was er thun kann und mufs.

Zweitens. Vermögen und Einkommen sind ungemein schwankend und veränderlich; sie können schnell, ja augenblicklich, von Vielem sogar in Nichts übergehen: die Ausgaben sind es viel weniger.

Drittens. Vermögen- und Einkommensteuer treffen und hemmen die nützliche Thätigkeit zum Erwerbe von Vermögen und Einkommen: die Ausgabesteuer kann nur die Verschwendung hemmen und die Sparsamkeit fördern und ist dadurch ein Mittel zur Beförderung der Sittlichkeit und zur Vergröfserung des Volksvermögens.

Viertens. Die Vermögen- und Einkommensteuer kann leicht über die Kräfte der Steuerpflichtigen hinausgehen: die Ausgabesteuer nicht, weil Niemand ohne Ausgaben sein kann, und eine Zulage zu denselben, die, wie sich weiter unten zeigen wird, in Baarem für die am wenigsten Behaglichlebenden nicht über den 33ten Theil ihrer Ausgaben sich beläuft, nicht unerschwinglich ist.

Fünftens endlich (und das ist die Hauptsache,) sind Vermögen und Einkommen, wie oben gezeigt, nicht das Maafs des Wohlseins, zu welchem die Staatsgenossen durch die von ihnen zu bezahlenden Kosten der Verwaltung des Staats gelangen, und folglich nicht das richtige ***Maafs der Steuer:*** die Ausgabe dagegen ***ist*** das Maafs des Wohlseins, und folglich ist sie auch, und sie einzig und allein, das richtige *Maafs der Steuer.*

Grundsätzlich dürften also die jährlichen Ausgaben als das allein richtige und schickliche Maafs der Besteurung anzusehen sein.

Dabei ist dann zunächst Folgendes zu berücksichtigen.

§. 10.

Erstlich darf von Zweien, in gleichen Verhältnissen und von gleichen Ausgaben Lebenden, der Eine, welcher eine Familie zu ernähren hat, billigerweise nicht eben so hoch besteuert werden, als Der, welcher allein steht; denn von des Ersteren Ausgaben ist ein gröfserer Theil unvermeidlich, als von denen des Letzteren, und die einzelnen Familienglieder haben von der gleichen Ausgabe der Familie weniger Behaglichkeit, als der Einzelne. Dieser Umstand würde sich nach folgender einfachen Regel berücksichtigen lassen.

Nennt man von den *möglich-geringsten* Ausgaben, von welchen eine Familie noch zu leben vermag, den (zu gleichen Theilen vertheilt) auf ein einzelnes Familienglied kommenden Theil ***Steuer-Einheit,*** die dann für niedrige und hohe Ausgaben gleich hoch besteuert wird, so dafs es nur auf die Zahl der Steuer-Einheiten ankommt, nach welcher Zahl nun die Steuer auf höhere Ausgaben steigt: so dürfte die einfachste Regel, diese Zahl für die obige Rücksicht zu finden, folgende sein:

Man ziehe von der Zahl der Steuer-Einheiten, welche die Ausgabe einer Familie ausdrückt, sovielmal einen gewissen, namentlich den 20ten Theil oder 5 von 100 ab, als Familienglieder oder Pflegebefohlne neben dem Haupt der Familie vorhanden sind; für die Hausfrau, oder einen andern Führer des Hauswesens aber das Doppelte.

Hiernach ergeben sich, wie billig, für die gleiche Ausgabe um so weniger Steuer-Einheiten, je gröfser die Zahl der Familienglieder ist. Es betrage z. B. die jährliche Ausgabe einer Familie 120 Steuer-Einheiten. Sind nun nächst der Frau 8 Kinder oder sonst Pflegebefohlene vorhanden, so würden 8 und 2 also 10 mal 5 vom Hundert, thut 50 v. H., mithin 60 Steuer-Einheiten von den 120 abzuziehen sein. Sind nächst der Frau nur 3 Kinder da, so würden 3 und 2 also 5 mal 5 v. H., mithin nur 30 Steuer-Einheiten abgehen. Sind keine Kinder oder Pflegebefohlene da, sondern nur die Hausfrau, so würden nur 2 mal 5 v. H., also 10 v. H., mithin nur 12 Steuer-Einheiten abgehen. Sind endlich weder Frau noch Kinder da, so würde für den Einzelstehenden Nichts abgehen. Also von den *gleichen* Ausgaben von 120 Steuer-Einheiten wären zu *versteuern:*

60 Einheiten, wenn die Familie Frau und 8 Kinder hat;
90 Einheiten, wenn nächst der Frau nur 3 Kinder da sind;
108 Einheiten, wenn nur die Frau, ohne Kinder, da ist;
120 Einheiten, wenn der Steuernde allein steht.

Dieses Verhältnifs dürfte angemessen sein.

§. 11.

Zweitens. Die Theurung oder Wohlfeilheit des Wohnorts mufs nothwendig ebenfalls bei der Besteurung berücksichtigt werden, weil von zwei Familien mit gleichen Ausgaben und in gleichen äufsern Verhältnissen diejenige, welche an einem theureren Orte lebt, auf ihre nothwendigen und unvermeidlichen Bedürfnisse einen gröfseren Theil ihrer Ausgaben verwenden mufs, als die andere am wohlfeileren Orte, also mit derselben Ausgabe weniger Behaglichkeit erlangt, als die letztere. Die am theureren Orte lebende Familie mufs weniger hoch besteuert werden, als die, welche mit den gleichen Ausgaben am wohlfeileren Orte in gleichen Verhältnissen lebt. Letztere mufs eine gröfsere Zahl von Einheiten versteuern.

Diese billige Berücksichtigung wird sich, wiederum sehr einfach, dadurch ausführen lassen:

Dafs man alle Steuer-Einheiten, gleichviel ob an sich in Gelde hoch oder niedrig, gleich hoch besteuert;

denn die gleiche Ausgabe macht am wohlfeileren Orte mehr Steuer-Einheiten aus, als am theuern, weil dort die Steuer-Einheit selbst, nemlich Das, was von der möglich-geringsten Ausgabe auf ein Familienglied kommt, geringer ist.

Wenn z. B. von zwei Familien, jede von 5 Personen und in gleichen Verhältnissen, jede mit 600 Thlr. jährlicher Ausgabe lebend, die eine an einem theuern Orte sich befindet, wo die Steuer-Einheit auf 20 Thlr. gerechnet werden mufs, die andere an einem wohlfeileren Orte, wo die Steuer-Einheit nur 15 Thlr. beträgt, so kommen auf die erste 30, auf die andere 40 Einheiten. Dies giebt nach der obigen Berechnungs-Art für die erste Familie 30 weniger 3 und 2 oder 5mal 5 v. H., also 30 weniger $7\frac{1}{2}$, thut $22\frac{1}{2}$ Steuer-Einheiten; für die zweite Familie 40 weniger 3 und 2 oder 5mal 5 v. H., also 40 weniger 10, thut 30 Steuer-Einheiten; so dafs also, da die Steuer für die verschiedenen Einheiten gleich hoch sein soll, die Familie an dem wohlfeileren Orte Eindrittel mehr Steuer zu bezahlen haben würde, als die andere; was ganz billig ist, da ihr die höhere Steuer nicht schwerer fällt, als der andern Familie am theuren Orte die niedrigere. Der Arme und der Arbeiter wird übrigens auf diese Weise nicht etwa am wohlfeileren Orte härter getroffen, als am theuern, weil er dort, wo die Steuer-Einheit geringer ist, auch weniger ausgiebt, als am theuern Orte.

§. 12.

Zu diesen beiden Berücksichtigungen war nun in der Schrift noch eine dritte gefügt; nemlich folgende:

Die Ausgaben der Einzelnen, in Geld- oder Steuer-Einheiten ausgedrückt, sind noch nicht ohne Weiteres, nemlich in grade steigendem Verhältnifs, das richtige Steuermaafs. Es ist nicht ganz genug, dafs z. B. Jemand, der 2000 Thlr.

jährlich ausgiebt, blofs 10 mal so hoch besteuert werde, als ein Anderer, dessen Ausgaben, bei der gleichen Zahl von Familiengliedern und an demselben Orte, nur 200 Thlr. jährlich betragen. Er mufs etwas mehr als das 10fache steuern; aus folgenden Gründen.

Es zerfallen nemlich die Ausgaben

Erstlich, in ganz unvermeidliche: für Nahrung, Kleidung, Wohnung und Heizung.

Zweitens, in diejenigen für Annehmlichkeit und Behaglichkeit; nemlich für bessere Nahrung, Kleidung und Wohnung; für Vergnügungen u. s. w.

Drittens, in ganz vermeidbare Ausgaben, für Prunk und anderes Entbehrliche.

Nun kann es sein, dafs alle Ausgaben des Ärmeren und Ärmsten von der ersten Art sind, oder dafs ihm doch nur sehr wenig für die von der zweiten Art übrig bleibt; während bei Dem, der mehr ausgiebt, ein schon namhafter Theil davon auf Ausgaben zweiter und selbst Einiges auf Ausgaben dritter Art kommt. In solchem Fall wird es dem Ärmeren, z. B. Dem, der für sich und seine Familie nur 200 Thlr. ausgiebt, viel schwerer werden, 1 Thlr. Steuer zu bezahlen, als Dem der 2000 Thlr. ausgiebt 10 Thlr.: denn der Erste mufs sich den 1 Thlr. abdarben: der zweite darf nur 10 Thlr. für Entbehrliches weniger ausgeben, oder höchstens Einiges von seinen Annehmlichkeiten opfern. Das Geld hat gleichsam für den Einen und für den Andern verschiedenen Werth: der Eine mufs die Vortheile, welche er durch die Steuer erkauft, mit empfindlicheren Opfern bezahlen, als der Andere. Also ist es billig, dafs Der, welcher 2000 Thlr. ausgiebt, mehr als die 10fache Steuer Dessen bezahle, dessen Ausgaben nur 200 Thlr. betragen.

Doch ist hiebei gegenseits nicht zu übersehen, dafs der Betrag der unvermeidlichen Ausgaben für die Beiden in dem Beispiele keinesweges gleich hoch erachtet werden darf; und selbst nicht der Betrag für Annehmlichkeiten.

Denn im Allgemeinen wird der Erste geistig höher stehen, als der Andere; deshalb, weil er nur durch die mehrere geistige Thätigkeit die Mittel zu seinen höheren Ausgaben zu erwerben vermag. Dem aber, welcher mehr geistig thätig ist, sind auch viele Dinge, deren der bloſse Hand-Arbeiter nicht bedarf, als Studien, Bücher, Werkzeuge vieler Art, selbst bessere Kleidung, Wohnung und Nahrung, zu und bei seinem Erwerbsgeschäft eben so unentbehrlich, wie dem bloſsen Werkmanne das Nothwendigste; und dann kommen endlich auch die höheren Ausgaben des Ersteren dem Armen zu gut und helfen ihn nähren.

Die Besteurung des Mehr-Ausgebenden steigt also der Billigkeit nach nicht etwa von Neuem in dem Verhältniſs der Höhe der Ausgaben, in dem obigen Beispiel nicht etwa von Neuem auf das 10fache, was zusammen das 100fache sein würde, sondern weniger. Das richtige Verhältniſs läſst sich offenbar hier nicht näher ausmitteln oder im eigentlichen Sinne berechnen; indessen wäre es billig, auf den so eben besprochenen Umstand Rücksicht zu nehmen, und es dürfte wahrscheinlich weder zu viel noch zu wenig sein, wenn man den Steuersatz, vom niedrigsten bis zum höchsten Ausgabebetrage, auſser in dem Verhältniſs der Höhe der Ausgabe selbst, stufenweise, und zwar von unten auf schneller zunehmend, bis auf das *Doppelte* steigen lieſse; so also, daſs wenn die höchste Ausgabe z. B. 100 mal so hoch wäre, als die geringste, jene nahe an 200 mal so hoch zu besteuern wäre, als diese.

Die für diese Berücksichtigung einfachste Regel dürfte folgende sein.

Man theile die Ausgabe einer Familie, in Steuer-Einheiten ausgedrückt, nach der Zahl der Familienglieder in gleiche Theile. Die Zahl der Steuer-Einheiten, welche so auf den einzelnen Theil kommt, nehme man doppelt und ziehe 1 davon ab. Nimmt man dann den Rest sovielmal, als Familienglieder zu rechnen waren, so giebt dies die Zahl der Steuer-Einheiten für die Familie.

Also wenn z. B. eine auf ein einzelnes Familienglied kommende höhere Ausgabe 10mal die möglich-geringste wäre (die Das ist, was Steuer-Einheit genannt wurde), folglich 10 Steuer-Einheiten, so würden für die höhere Ausgabe nicht 10, sondern 20 weniger 1, mithin 19 Steuer-Einheiten anzusetzen sein. Die Regel erfüllt zunächst die obige Bedingung, dafs nach ihr der Ansatz, auch für die höchste Ausgabe, nie das Doppelte des Vielfachen übersteigt; und dann die Bedingung, dafs sie schnell steigende Ansätze giebt; jedoch auch wieder auf die Weise, dafs sich, wenn die Ausgabe der möglich-geringsten nahe kommt, nur wenig mehr als das Einfache findet. Z. B. für eine Ausgabe von blofs $1\frac{1}{3}$ Steuer-Einheiten giebt sie nur $2\frac{2}{3}$ weniger 1, also blofs $1\frac{2}{3}$, nicht etwa das Doppelte, $2\frac{2}{3}$.

§. 13.

Die Gründe für diese dritte Berücksichtigung sind unbestreitbar; aber gegen die Ausführung der Regel läfst sich Folgendes einwenden.

Erstlich. Die Berechnungsregel, obgleich sie wohl die einfachste sein dürfte, welche möglich ist, sei zu künstlich. Für die Steuerbehörde, und selbst für ihre untergeordneten Beamten, hat der Einwand kein Gewicht; denn die Rechnungen sind immer nur sehr einfach; und wären sie auch verwickelt und mühsam, so dürfte doch Etwas, was Gerechtigkeit und Billigkeit fördert, nicht unterbleiben. Aber für die grofse Masse der Steuerpflichtigen selbst, ist die Berechnungsregel allerdings zu verwickelt. Und da es nun darauf ankommt, dafs auch den Steuerpflichtigen selbst, die Gerechtigkeit und Billigkeit ihrer Besteurung völlig klar und einleuchtend werde, so findet die für dritte Berücksichtigung aufgestellte Besteurungsregel allerdings schon deshalb Anstände.

Zweitens ist einzuwenden, dafs, sobald die dritte Berücksichtigung in Zahlen ausgedrückt werden soll, wie es doch nothwendig geschehen mufs, eine *Willkür* dabei vorkommt, und sogar unvermeidlich ist. Es ist nemlich zwar bewiesen, dafs die Mehr-Ausgebenden in stärkerem Verhältnifs als dem ihrer Ausgaben steuern müssen, aber es ist wohl nicht möglich, aus Gründen nachzuweisen, welches *Maafs* dieses stärkere Verhältnifs habe; so dafs die oben angenommene *Verdoppelung* nur mehr Willkür ist.

Drittens ist Folgendes zu bemerken. Wir werden nemlich unten, nachdem wir an dem Beispiel des Preufsischen Staats die Berechnung der Steuern erst blofs nach den einfachen Regeln (§. 10. und 11.) gegeben haben, zur Vergleichung auch noch nach der dritten Berücksichtigung (§. 12.) die Steuern berechnen, und da wird sich das merkwürdige Ergebnifs zeigen, dafs die Steuern der ärmeren Classen durch diese dritte Berücksichtigung *nur wenig geringer* werden, als ohne sie; was zugleich einen recht auffallenden Beweis der Wahrheit liefert, dafs die Ärmeren auch durch eine sehr starke Belastung und selbst Überlastung der Wohlhabenderen nur wenig und nicht in dem Maafse erleichtert werden, wie man es glauben möchte.

§. 14.

Aus diesen verschiedenen Gründen dürfte es besser sein, die dritte Berücksichtigung (§. 12.) *ganz fallen zu lassen* und die Steuern nur nach den einfachen Regeln (§. 10. und 11.) zu vertheilen, nemlich:

Dafs von der Zahl der Steuer-Einheiten, welche die Ausgabe einer Familie ausmacht, für jedes Kind oder Pflegebefohlenen der 20te und für die Frau oder den Führer des Hauswesens der 10te Theil abgezogen wird, und dafs alle Steuer-Einheiten, sie mögen an sich hoch oder niedrig sein, gleich hoch besteuert werden.

Diese Regeln sind so sehr einfach, dafs Jeder, auch der Beschränkteste, sie fassen kann; und die Verminderung der Zahl der zu versteuernden Einheiten wird Jeder um so mehr gern einleuchtend finden, da sie zu seinem Vortheil gereicht.

In dieser Vereinfachung der Berechnungs-Art der Steuern besteht insbesondere die im Eingange gedachte nothwendig scheinende Verbesserung derselben.

§. 15.

Es kommt jetzt weiter darauf an, wie am leichtesten, sichersten und am wenigsten in die innern Familienverhältnisse eindringend, die jährlichen Ausgaben der einzelnen Staatsgenossen *auszumitteln* und zu *schätzen* sein dürften.

Hiebei ist erst vorab folgende Bemerkung wegen der Personen nöthig, *die im Solde Anderer stehen.*

Es sind für die Besteurung zwei Arten dieser Personen zu unterscheiden.

Die erste Art ist die, deren Leistungen lediglich zur Bequemlichkeit und Behaglichkeit der Soldgeber dienen; wie Hausgesinde und männliche und weibliche Diener aller Art.

Die zweite Art ist die, welche für das Gewerbe des Soldgebers arbeiten; wie z. B. die Gehülfen eines Handwerksmeisters, die Fabrik-Arbeiter, die zum Ackerbau nöthigen Gehülfen u. s. w.

Die Besoldeten selbst, von *beiden* Arten, müssen offenbar nach der obigen Berechnungs-Art für die Höhe der jährlichen Ausgaben besteuert werden, die sie nach ihrem Stande und ihrer Lebensweise zu machen haben würden, wenn sie ihre Dienste rein baar bezahlt bekämen; was vielleicht theilweise, oder gar nicht der Fall sein wird; nemlich da, wo sie vom Soldgeber, statt baaren Geldes, oder neben baarem Gelde, Wohnung, Nahrung und Kleidung erhalten.

Sodann aber sind die Kosten, welche die Besoldeten dem Soldgeber verursachen, bei der zweiten Art der Besoldeten, die ihm bei seinem Geschäft helfen, *nicht* als Theil seiner eigenen Ausgaben ihm anzurechnen: wohl aber *allerdings* bei der ersten Art, durch welche sich der Soldgeber blofs zu seiner Behaglichkeit bedienen läfst.

Die Leistungen der Besoldeten zweiter Art, für sein Gewerbe, erkauft nemlich der Soldgeber nicht, um den Ertrag derselben für sich zu behalten, sondern nur, um ihn wieder zu verkaufen und aus dem Gewinn, den er dabei zu machen gedenkt, die Mittel zu seinen eigenen Ausgaben zu erwerben, so dafs der Sold, welchen er zahlt, nicht eine Ausgabe für sich selbst ist, sondern nur eine Auslage. Dieser Sold kann ihm also eben so wenig als ein Theil der Ausgaben für sich angerechnet werden, als z. B. dem Kaufmanne Das, was er für die Waaren bezahlt, die er kauft, um sie wieder zu verkaufen.

Die Leistungen der Besoldeten erster Art dagegen, für seine Behaglichkeit, kauft der Soldgeber, um ihren Werth für sich zu behalten und zu seiner Bequemlichkeit zu verwenden: ihre Kosten sind also ein wesentlicher Theil seiner eigenen Ausgaben, und müssen folglich auch von ihm versteuert werden; eben wie beim Kaufmann etwa die Kosten desjenigen Theils der erkauften Waaren, die er und seine Familie selbst verbrauchen. So findet bei der ersten Art der Besoldeten nicht etwa eine doppelte Besteurung Statt. Ein Diener z. B., der aufser dem Hause seines Herrn wohnte und von ihm seinen ganzen Sold in baarem Gelde erhielte, würde zunächst offenbar für die Ausgaben steuerpflichtig sein, die er machen müfste, um zu leben; und ob er seinen Lohn baar, oder ganz oder zum Theil durch Wohnung, Nahrung, Kleidung u. s. w. erhält, macht keinen Unterschied; sodann aber erhöhen sich die Ausgaben des Soldgebers um so viel, als der Lohn des Dieners beträgt, so dafs also der Betrag dieses Lohns auch noch von ihm zu versteuern ist.

Wo die Leistungen eines Besoldeten von dem Soldgeber zum Theil zu seiner Behaglichkeit, zum Theil für sein Gewerbe benutzt werden, wie z. B. bei den sogenannten Hausdienern, mufs, während der Besoldete, wie immer, seine Ausgaben versteuert, dem Soldgeber der Werth des ersten

Theils der Leistungen des Besoldeten noch zu den eigenen Ausgaben angerechnet werden; z. B. die Hälfte des Lohns des Besoldeten.

§. 16.

Mit Rücksicht auf diese Beobachtung dürften nun die jährlichen Ausgaben der verschiedenen Staatsgenossen auf folgende Weise zu schätzen und auszumitteln sein.

Erstlich. Von allen Denjenigen, welche gleichförmig eine einfache Lebensweise führen, lassen sich die Ausgaben recht gut und ohne fast irgendwo die Billigkeit erheblich zu verletzen, mit Rücksicht auf die verschiedene Theuerung des Wohnorts, *durch den Gemeinde-Vorstand schätzen.* Es sind dieser Personen eine sehr grofse Menge; sie machen sogar die grofse Masse des Volks aus. Es sind die Tagelöhner und Dienstboten aller Art, in den Städten und auf dem Lande, männliche und weibliche; die Handwerks- und sonstigen Geschäftsgehülfen und Fabrik-Arbeiter; die Handwerksmeister, welche ohne Gehülfen arbeiten; die Eigenthümer kleiner Landstücke; die ganz kleinen Händler u. s. w., also fast alle Diejenigen, welche kärglich leben. Von allen Diesen lassen sich die Ausgaben ohne Mühe und mit hinreichender Sicherheit schon aus ihrer *Einnahme* oder ihrem *Verdienst* und *Erwerb* schätzen, weil hier anzunehmen ist, dafs ihre *Ausgabe* der Einnahme gleich sei. Und dies ist sehr günstig, da es besonders darauf ankommt, dafs Denen nicht zu viel zugemuthet werde, die Wenig haben. Den Gemeindevorständen müfsten nur natürlich Anleitungen und Vorschriften, so weit es möglich nach allgemeinen Regeln, gegeben werden, nach welchen sie bei der Schätzung zu verfahren haben, damit die möglichste Gleichförmigkeit erzielt und der Wirkung etwaiger einseitiger und unrichtiger Ansichten vorgebeugt werde.

Zweitens. Von allen Denen, die ein bestimmtes, bekanntes Einkommen haben, von welchem allein sie leben, wie z. B. den meisten Beamten, darf man im Allgemeinen und ohne Unbilligkeit annehmen, dafs sie ihr Einkommen auch ganz ausgeben. Von allen diesen ist also die Höhe der Ausgaben ohne weiteres bekannt. Behauptet Einer oder der Andere, daſs er weniger ausgebe (was aber wohl nur selten geschehen dürfte), so würde er es nachweisen müssen. Hat Jemand neben seinem Amt, mit so geringem Gehalt, daſs er davon nicht leben kann, noch andern Erwerb, oder giebt er offenkundig aus seinem Vermögen viel mehr aus, als sein Gehalt beträgt, so gehört er zu der folgenden, dritten Art der Steuerpflichtigen.

Drittens. Diese sind nemlich alle Übrigen, zu den Obigen nicht zu zählenden, deren Einkommen nur ihnen selbst näher bekannt ist, ja meistens nicht einmal von ihnen selbst im Voraus mit Sicherheit angegeben werden kann. Es sind die Kaufleute aller Art; die Handwerker, welche mit Gehülfen arbeiten; die Fabricanten und andere Geschäftsleute; die Haus- und gröſseren Grundbesitzer; die Künstler, Ärzte, Rechts-Anwälte, die Rentner u. s. w. Alle diese *lasse man ihre jährlichen Ausgaben selbst angeben;* und zwar nicht in Pausch und Bogen, sondern nach bestimmten, durch ein Gesetz im Voraus vorgeschriebenen Regeln *theilweise;* nemlich z. B. nach dem Miethswerth der Wohnung, der sich auf dem Lande und an kleineren Orten auch aus den zu schätzenden Baukosten des Wohnhauses finden läſst; nach der Zahl ihrer Dienstboten; nach den besondern zur Behaglichkeit dienenden Dingen, z. B. eignen Fuhrwerken, Reitpferden u. s. w., und nach einem bestimmten Vielfachen der Wohnungskosten für die Kosten der Verzehrung; das Letztere mit Rücksicht auf die Zahl der Familienglieder und auf Rang, Stand und offenkundige Lebensweise. Bei allen Diesem kann man von dem Steuerpflichtigen mit Grunde eine hinreichende Genauigkeit verlangen, und ihm nöthigenfalls selbst einen Eid darauf zuschieben; denn was man von ihm zu wissen verlangt, kann und muſs er wissen: anders wie bei Vermögen und Einkommen, welches in den meisten Fällen der Betheiligte selber nicht anzugeben im Stande ist. Die Obrigkeit prüft dann die Angaben. Glaubt sich der Steuerpflichtige durch eine Erhöhung seiner Selbstschätzung, welche etwa die Obrigkeit zu bestimmen sich genöthigt findet, überlastet, so hat er es zu beweisen; und im äufsersten Fall dient das Urtheil der Mitbürger zur Entscheidung; wozu es aber der Betheiligte wohl nur selten kommen lassen dürfte. In vielen Fällen werden die Steuerpflichtigen Nutzen davon haben, oder zu haben glauben, wenn sie ihre Ausgaben eher zu hoch als zu niedrig angeben; auch z. B. in Beziehung auf die Wahlen der Volksvertreter.

§. 17.

Auf solche Weise dürften sich die jährlichen Ausgaben der Staatsgenossen ohne grofse Schwierigkeit und Mühe und ohne lästiges Eindringen in die Familienverhältnisse mit hinlänglicher, jedenfalls mit *weit gröfserer* Sicherheit ausmitteln lassen, als Vermögen und Einkommen; und die zu erlangende Sicherheit wird um so mehr ausreichend sein, weil es, wie sich unten näher zeigen wird, gar nicht darauf ankommt, dafs etwa die Schätzungen im Allgemeinen zu niedrig ausfallen, sondern nur darauf, dafs möglichst das richtige Verhältnifs der verschiedenen Höhe der Ausgaben ermittelt werde; weshalb man dann auch als Regel annehmen müfste, die zu Schätzenden, besonders von der obigen ersten Art, nicht zu hoch anzusetzen.

Es versteht sich übrigens, dafs bei allen Schätzungen der jährlichen Ausgaben nur runde Summen, und zwar Vielfache der für jede Gegend ebenfalls in runder Zahl vorher festgestellten Steuer-Einheit anzunehmen sind, so dafs die Zahl der Steuer-Einheiten, worauf es nur ankommt, immer eine ganze Zahl ist. Trifft eine Ausgabesumme, in Steuer-Einheiten ausgedrückt, zwischen zwei ganzen Zahlen, so würde die kleinste der beiden anzusetzen sein.

Die Besteurungs-Art wäre so der jetzigen Classensteuer *ähnlich;* nur dafs ihre Höhe für die Einzelnen nach der oben beschriebenen Art ausgemittelt wird, dafs sie nicht eine blofse Hülfssteuer, sondern die *gesammte*, von den Einzelnen zu entrichtende Steuer ist, und dafs sie, wie weiter unten folgt, anders zu erheben wäre.

§. 18.

Nachdem auf die beschriebene Weise die *Zahl der Steuer-Einheiten* für die einzelnen Personen und Familien, und andrerseits die Summe des *Steuerbedarfs* der Staatsverwaltung ausgemittelt worden ist, giebt letztere Summe, durch die Gesammtzahl der Steuer-Einheiten getheilt, unmittelbar die auf jede Einheit anzuschlagende Steuer, und dann weiter diese, für jede einzelne Person oder Familie sovielmal genommen, als auf sie Steuer-Einheiten kommen, die *Steuer selbst*, welche der Einzelne oder die Familie zu entrichten hat.

Eine sichere Berechnung, z. B. für den Preufsischen Staat, läfst sich nach diesen Grundsätzen natürlich erst dann aufstellen, wenn die beschriebenen Ausmittlungen gemacht sind. Um indessen einen *ganz ungefähren* Begriff von dem Ergebnifs dieser, aus den obigen Gründen billigen Steuervertheilung zu geben, wollen wir folgendes Beispiel in Durchschnittszahlen aufstellen.

Wir können dabei weder auf die Einzelnen, noch auf die Verschiedenheit der Zahl der Familienglieder, so wie auch nicht auf die nach der Theurung oder Wohlfeilheit der Gegend sich richtende Verschiedenheit des Geldbetrages der Steuer-Einheiten Rücksicht nehmen, sondern für eine *ungefähre Durchschnittsberechnung* nur Familien von 5 Personen ansetzen; also für die $16\frac{1}{2}$ Millionen Bewohner des Preufsischen Staats $3\frac{3}{10}$ Millionen Familien. (In der Schrift waren 17 Millionen Einwohner angenommen.) Für den *durchschnittlichen* Geldbetrag der Steuer-Einheiten mögen 15 Thlr. angesetzt werden; von dem Gesichtspunct ausgehend, dafs im Durchschnitt 150 Thlr. die geringste Summe sei, von welcher Mann, Frau und 8 Kinder leben können. Ferner wollen wir für diese Durchschnittsberechnung nur 7 verschiedene Classen annehmen, nemlich

zu 75, 150, 300, 600, 1200, 3000 und 12000 Thlr. *jährlicher Ausgabe,*
also zu 5, 10, 20, 40, 80, 200, 800 *Steuer-Einheiten.*

So viel sich aus den Ergebnissen bei der bisherigen Classensteuer vermuthen läſst, dürfte aus der Gesammtzahl

1 Familie auf $5\frac{1}{10}$, 3, $4\frac{1}{8}$, 6, 22, 66 und 660,
mit 75, 150, 300, 600, 1200, 3000, 12000 Thlr.

jährlicher Ausgabe zu rechnen sein.

Nach den obigen Regeln in (§. 10. und 11.) ergiebt sich dann Folgendes. In der ersten oder untersten Classe sind von den 5 Steuer-Einheiten 5mal 5, also 25 auf 100, nemlich 2mal 5 für die Frau und 3mal 5 vom Hundert für die 3 Kinder abzuziehen, also zusammen Einviertel von den 5 Steuer-Einheiten, läſst $3\frac{3}{4}$ Steuer-Einheiten; welche die Familie zu versteuern haben würde. Eben so geht für die andern Classen von der Zahl ihrer Steuer-Einheiten überall *Einviertel* ab, so daſs für sie der Reihe nach $7\frac{1}{2}$, 15, 30, 60, 150 und 600 Steuer-Einheiten bleiben; und zwar für die gegenwärtige Durchschnitts-Berechnung: für die wirkliche Berechnung, wo verschiedene Zahlen der Familienglieder zum Ansatz kommen, verhält es sich natürlich anders und es geht mehr oder weniger als Einviertel ab. Die Übersicht des Ergebnisses der gegenwärtigen *Durchschnittsberechnung* ist folgende.

Classe.	Zahl der Familien	Nemlich 1 auf	Jährliche Ausgabe der Familie Thlr.	Dieselbe in Steuer-Einheiten
No. 1.	645 000	$5\frac{1}{10}$	75	5
- 2.	1 100 000	3	150	10
- 3.	800 000	$4\frac{1}{8}$	300	20
- 4.	550 000	6	600	40
- 5.	150 000	22	1200	80
- 6.	50 000	66	3000	200
- 7.	5 000	660	12000	800
Zusammen	3 300 000			

Classe.	Thut Steuer-Einheiten	Summe der jährlichen Ausgaben Thlr.	Zu versteuernde Einheiten	Thut solcher Einheiten
No. 1.	3 225 000	48 375 000	$3\frac{3}{4}$	2 418 750
- 2.	11 000 000	165 000 000	$7\frac{1}{2}$	8 250 000
- 3.	16 000 000	240 000 000	15	12 000 000
- 4.	22 000 000	330 000 000	30	16 500 000
- 5.	12 000 000	180 000 000	60	9 000 000
- 6.	10 000 000	150 000 000	150	7 500 000
- 7.	4 000 000	60 000 000	600	3 000 000
Zusammen	78 225 000	1173 375 000	Zusammen	58 668 750

§. 19.

Nun beträgt nach den Staatshaushaltsberechnungen für 1849 der regelmäfsige *Ausgabebedarf* . . . . 88 576 245 Thlr.

Zur Einnahme gehören folgende Erträge, die *nicht* Steuer sind:

Aus den Staats-Landgütern und Wäldern	11 799 712 Thlr.	
Aus der Lotterie . . .	1 039 917 -	
Aus den Bergwerken, Hütten und Salzwerken .	5 959 226 -	
Aus der Post	6 941 310 -	
Bis hierher	25 740 165 Thlr.	88 576 245 Thlr.

Bis hierher	25 740 165 Thlr.	88 576 245 Thlr.
Aus dem Verkauf des Salzes, ohne die Steuer, .	2 994 575 -	
Aus der Rechtsverwaltung	4 180 834 -	
Aus verschiedenen Anderem, was nicht Steuer ist .	1 905 585 -	
Zusammen		34 821 159 -
Es sind also noch an *Steuern* nöthig .		53 755 086 Thlr.
Zu diesen Steuern würde noch an Zulage zu rechnen sein, zu den Kosten des, wie es zufolge der Auseinandersetzung im 5ten Abschnitt der Schrift (§. 92.) zu wünschen ist, ganz unentgeldlichen ersten Volks-Unterrichts		8 500 000 -
Thut zusammen an *Steuern* . . .		62 255 086 Thlr.

(In der Schrift waren in (§. 59.) 70 bis 71 Millionen Thaler angenommen. Hier war also eine bedeutende Berichtigung der Zahlen nöthig.)

Um die 62 255 086 Thlr. Steuern aufzubringen, mufs also jede der obigen 58 668 750 Steuer-Einheiten mit *1 Thlr. 2 Sgr. Steuer* belegt werden; denn dies giebt (mit einem Überschusse von etwa 330 000 Thlr. zu Ausfällen) 62 580 000 Thlr. Steuer-Ertrag, und zwar folgendermaafsen vertheilt.

Classe.	Zahl der Familien	Zu den jährlichen Ausgaben von Thlr.	Die Familie hat an Steuern zu bezahlen Für Einheiten	zu Thlr.	Sgr.	Thut Thlr.
No. 1. .	645 000 . .	75 . .	$3\frac{3}{4}$ . .	1	2 . .	4
- 2. .	1 100 000 . .	150 . .	$7\frac{1}{2}$ . .	1	2 . .	8
- 3. .	800 000 . .	300 . .	15 . .	1	2 . .	16
- 4. .	550 000 . .	600 . .	30 . .	1	2 . .	32
- 5. .	150 000 . .	1200 . .	60 . .	1	2 . .	64
- 6. .	50 000 . .	3000 . .	150 . .	1	2 . .	160
- 7. .	5 000 . .	12 000 . .	600 . .	1	2 . .	640
Zusammen	3 300 000					

Classe.	Thut von ihrer Ausgabe	Und zusammen an Steuern
No. 1. . .	$5\frac{1}{3}$ auf 100 . . .	2 580 000 Thlr.
- 2. . .	$5\frac{1}{3}$ - - . . .	8 800 000 -
- 3. . .	$5\frac{1}{3}$ - - . . .	12 800 000 -
- 4. . .	$5\frac{1}{3}$ - - . . .	17 600 000 -
- 5. . .	$5\frac{1}{3}$ - - . . .	9 600 000 -
- 6. . .	$5\frac{1}{3}$ - - . . .	8 000 000 -
- 7. . .	$5\frac{1}{3}$ - - . . .	3 200 000 -
	Zusammen	62 580 000 Thlr.

Die Steuer beträgt durchweg $5\frac{1}{3}$ vom Hundert der jährlichen Ausgaben der Staatsgenossen, und es wird sich weiter unten zeigen, daſs die Ärmeren dadurch gegen bisher bedeutend erleichtert werden, während man die Begüterten keinesweges überlastet.

§. 20.

Es ist nun hier leicht zu sehen, daſs es, was oben angedeutet wurde, bei dieser billigen Vertheilungs-Art der Steuern gar nicht darauf ankommt, daſs von den jährlichen Ausgaben der Steuernden der Betrag selbst völlig richtig ausgemittelt werde, sondern nur darauf, daſs man möglichst richtig das wahre *Verhältniſs* der Höhe der Ausgaben in den verschiedenen Classen erfahre. Würden alle Ausgaben *verhältniſsmäſsig* zu gering angesetzt, z. B. um Einfünftel zu gering, also in

Folge Dessen die Summenzahl der Steuer-Einheiten um Einfünftel zu klein, so entstände daraus gar kein Nachtheil, sondern der Unterschied wäre nur, dafs der Satz für die Steuer-Einheit statt auf 1 Thlr. 2 Sgr. um Einviertel höher, also auf 1 Thlr. 10 Sgr. angeschlagen werden müfste Die Steuer selbst und alles Übrige bliebe und es würde Niemanden Unrecht gethan. Weder die Verwaltung verlöre an Einnahme, noch bezahlte irgend ein Steuerpflichtiger das Geringste mehr, als ihm zukommt. Blofs wenn etwa die höheren Ausgaben beträchtlich mehr zu niedrig angesetzt wären, als die geringeren, würden die Ärmlicherlebenden in Nachtheil kommen; weshalb man denn, wie oben bemerkt, sich hüten mufs, Diese zu hoch anzuschlagen.

Auch sieht man, dafs wenn etwa die Nothwendigkeit einer aufsergewöhnlichen Erhöhung des Steuerbedarfs vorkommen sollte, dazu nicht etwa eine neue Art von Steuer nöthig ist, die möglicherweise einzelne Classen ausschliefslich, oder doch zu stark treffen könnte, sondern nur eine Erhöhung des Satzes für die Steuer-Einheit; durch welche dann immer alle Classen und immer nur verhältnifsmäfsig getroffen werden. Entstände z. B. ein aufserordentliches Steuerbedürfnifs von 6 Millionen Thaler, also die Nothwendigkeit einer Erhöhung der Gesammtsteuer um etwa Einzehntel, so müfste der Satz für die Steuer-Einheit statt auf 1 Thlr. 2 Sgr. auf 1 Thlr. 5 Sgr. festgestellt werden, und die Steuern aller Classen stiegen dann ebenfalls um den 10ten Theil; aber immer in demselben Verhältnifs unter sich.

§. 21.

Es fragt sich jetzt weiter, auf welche Weise die Gesammtsteuer zu *erheben* sein dürfte.

Scheinbar am einfachsten wäre es, diese Gesammtsteuer (neben welcher natürlich *alle* bisherigen Steuern wegfielen) in angemessenen Zeit-Abschnitten von den Besteuerten in Geld einzufordern: allein dies würde eben so schwer ausführbar, als für die Besteuerten unbequem und selbst drückend sein; besonders für Ärmlicherlebende. Auch würde es eine zu bedeutende, plötzliche und in vieler Rücksicht nachtheilige Veränderung aller jetzigen Verhältnisse nach sich ziehen. Ferner steht die Aufhebung einiger jetzigen Steuern nicht einmal ganz in der Willkür des einzelnen Staats; besonders nicht die Aufhebung der Grenzzölle. Und endlich würde es der Erfahrung nach kaum möglich sein, wenigstens nicht ohne fortwährenden Schein von Härte, also nicht ohne beständige Erregung von Unzufriedenheit, so wie auch nicht ohne grofse Kosten, die Steuer in Gelde von den ärmeren Classen regelmäfsig zu erlangen. Die Erhebung der gesammten obigen Steuer, als einzige unmittelbare (directe) Steuer in Baarem, ist also als nicht ausführbar zu betrachten.

Es giebt aber hier einen ganz angemessenen und leichten Ausweg. Von den *Verbrauchsteuern*, den sogenannten indirecten Steuern nemlich, die in den Preisen der Verbrauchsgegenstände einschliefslich und also von den Ärmeren in sehr kleinen Theilen sogleich mitbezahlt werden, hat die *Erhebung* keine Schwierigkeit, weil hier die Steuer gar nicht benannt und in den kleinsten Theilen bezahlt wird, also unmerklich ist. Die Verbrauchsteuern geben nur dann eine gegründete Ursach zur Unzufriedenheit, wenn sie den Ärmeren höher als verhältnifsmäfsig treffen. Aber diese Ursach fällt weg, wenn ihr Betrag, wie es geschehen müfste, jedem Steuernden verhältnifsmäfsig auf seine gesammte Steuer *angerechnet* wird.

Man lasse also von den *Verbrauchsteuern*, ganz so wie sie jetzt sind, diejenigen fortbestehen, welche mit keiner sonstigen Unzuträglichkeit verbunden sind. Dies sind die *Salzsteuer*, die *Grenzzölle* und die *Branntweinsteuer*. Letztere fordert zwar eine bedeutende Auslage der Steuernden und ist in gewissem Sinne zugleich eine Gewerbsteuer, hemmt also in diesem Sinne die Gewerbthätigkeit: aber da sie eine schädliche Gewerbthätigkeit trifft, deren Verminderung und allmäliges Aufhören zu wünschen ist, so ist die Branntweinsteuer in diesem andern Sinne nützlich. Die Steuer auf

Grund und Boden (die Grundsteuer) ist zwar ebenfalls eigentlich eine Verbrauchsteuer auf die Erzeugnisse des Bodens, aber sie ist auch zugleich eine Gewerbsteuer; sie ist auf diese Weise der Branntweinsteuer ähnlich. Da sie indessen, nicht wie diese eine schädliche, sondern eine der allernützlichsten Gewerbthätigkeiten trifft und hemmt, so würde schon aus diesem Grunde, so wie aus den andern in (§. 33. und 34.) der Schrift ausführlich entwickelten Gründen, ihre Aufhebung nützlich und nöthig sein. Auch die *Stempelsteuer* dürfte beizubehalten sein. Es läfst sich bei ihr die Überlastung ganz vermeiden, wenn man jedem Stempelbogen eine Marke seines Preises beifügt, die bei allen Steuerzahlungen statt baaren Geldes angenommen wird.

Alle übrigen Staatssteuern, nebst der Grundsteuer, *hebe man auf.* Von denselben sind diejenigen insbesondere als nachtheilig zu erachten, welche die *Erzeugung nützlicher Dinge,* also die Gewerbthätigkeit und den Handel und Verkehr erschweren und hemmen; zum Theil schon durch die Umständlichkeit der Erhebung; also die *Gewerbesteuer,* die *Strafsensteuern,* die *Malzsteuer,* die Steuer auf den *Runkelrübenbau,* auf die *Zuckerbereitung* u. s. w. Alle solche Steuern sind gleichsam Abgaben von der Aussaat, statt von der Erndte; und nicht einmal eine Erndte darf besteuert werden, sondern erst ihr Verbrauch, geschweige denn die Aussaat; sie sind Fesseln, die man Jemand anlegt, der arbeiten will, oder Hemmschuhe an einem Wagen, der bergauf fährt. Auch die Mahl- und Schlachtsteuer dürfte aufzuheben sein, weil die Erhebung derselben aufserhalb der Städte zu schwierig, in den Städten aber lästig und drückend ist. Dafs die bisherige Classensteuer neben der obigen Gesammtsteuer wegfallen müfste, versteht sich von selbst.

Die beibehaltenen Verbrauchsteuern rechne man dann verhältnifsmäfsig den Steuernden auf ihre Gesammtsteuer an, und nur den Rest erhebe man baar.

§. 22.

Der Ertrag der oben benannten beizubehaltenden Verbrauchsteuern ist nach den Staatshaushaltsberechnungen für 1849 im Preufsischen Staate folgender:

An Salzsteuer, nemlich an reinem Gewinn beim Salze, . .	5 450 900 Thlr.	
An Branntweinsteuer . .	4 491 245 -	
Thut		9 942 145 Thlr.
An Grenzzöllen	13 040 000 Thlr.	
An Stempelsteuer . . .	3 557 737 -	
Thut		16 597 737 -
Zusammen		26 539 882 Thlr.
(In der Schrift waren in (§. 62.) nur 25 Mill. Thlr. angenommen.)		
Es sind also von der Gesammtsteuer von		. 62 255 086 -
nur noch		35 715 204 Thlr.

baar zu erheben.

Aber diese 35 715 204 Thlr. treffen die Steuernden nicht mehr in demselben Verhältnifs, wie die Gesammtsteuer, weil die 26 539 882 Thlr. Verbrauchsteuern nach andern Verhältnissen zu vertheilen, also den Einzelnen nach andern Verhältnissen auf ihre Gesammtsteuer *anzurechnen* sind.

Die 9 942 145 Thlr. Salzsteuer und Branntweinsteuer sind nemlich nach aller Billigkeit auf die $3^3/_{10}$ Millionen Familien *ganz gleich* zu vertheilen: denn Alle brauchen gleich viel Salz; auch ist für alle füglich gleich viel Branntwein zu rechnen; die Wohlhabenderen brauchen ihn zum Verbrennen und zu andern Zwecken. Mithin sind von diesen 9 942 145 Thlr. Steuern, welche die Steuernden beim Salz und Branntwein *schon bezahlen*, jeder der 3 300 000 Familen 3 Thaler zu gute und auf ihre Gesammtsteuer *abzurechnen.*

Die 13 040 000 Thlr. Grenzzölle dagegen können nicht Allen gleich zu gute gerechnet werden; denn wer wenig für seinen Unterhalt ausgiebt, kauft nur wenig von den an den

Grenzen versteuerten Waaren. Es ist sehr natürlich, anzunehmen, dafs Jeder von diesen Dingen *im Verhältnifs der Höhe seiner Ausgaben* kauft: also sind die ihm von seiner Gesammtsteuer abzusetzenden Beträge nach eben diesem Verhältnifs zu berechnen. Von den 3 557 737 Thlr. Stempelsteuern wollen wir hier in dieser blofs beispielsweisen Berechnung (was aber auch von der Wirklichkeit nicht sehr abweichen dürfte) das Gleiche annehmen; obgleich die Stempelsteuer, wie oben bemerkt, noch richtiger und angemessener sich vertheilen läfst.

Es sind also zusammen 16 597 737 Thlr. Grenzzölle und Stempelsteuern nach Verhältnifs der Höhe der Ausgaben der verschiedenen Classen der Steuernden zu vertheilen. Die Gesammt-Ausgaben der $3^3/_{10}$ Millionen steuernder Familien betrugen nach (§. 18.) 78 225 000 Steuer-Einheiten zu 15 Thlr., mithin kommen von den 16 597 737 Thlr. Steuern 6,365 Silbergroschen auf jede Steuer-Einheit, und folglich sind den 7 verschiedenen Classen von Familien von den Grenzzöllen und der Stempelsteuer, im Verhältnifs der Höhe ihrer Ausgaben, und von der Salzsteuer und der Branntweinsteuer zu gleichen Theilen, folgende Beträge auf ihre Gesammtsteuer *abzurechnen*.

Classe.	Jährliche Ausgabe in Steuer-Einheiten	Zu	Thut an Zöllen und Stempel			Sodann an Salz- und Brannt-wein-steuer	Zusammen		
		Sgr.	Thlr.	Sgr.	Pf.	Thlr.	Thlr.	Sgr.	Pf.
No. 1. .	5 . .	6,365 . .	1	1	10 . .	3 . .	4	1	10
- 2. .	10 . .	6,365 . .	2	3	8 . .	3 . .	5	3	8
- 3. .	20 . .	6,365 . .	4	7	3 . .	3 . .	7	7	3
- 4. .	40 . .	6,365 . .	8	14	7 . .	3 . .	11	14	7
- 5. .	80 . .	6,365 . .	16	29	3 . .	3 . .	19	29	3
- 6. .	200 . .	6,365 . .	42	13	1 . .	3 . .	45	1	1
- 7. .	800 . .	6,365 . .	169	22	4 . .	3 . .	172	22	4

Es bleiben demnach von der in (§. 19.) berechneten Gesammtsteuer nur noch b a a r zu erheben:

Classe.	Jährliche Ausgabe	Gesammt-steuer	Davon gehen ab			Bleiben also baar zu erheben		
	Thlr.	Thlr.	Thlr.	Sgr.	Pf.	Thlr.	Sgr.	Pf.
No. 1. .	75 . .	4 . .	4	1	10	*Nichts* und noch 1 Sgr. 10 Pf. zu erlassen.		
- 2. .	150 . .	8 . .	5	3	8 . .	2	26	4
- 3. .	300 . .	16 . .	7	7	3 . .	8	22	9
- 4. .	600 . .	32 . .	11	14	7 . .	20	15	5
- 5. .	1200 . .	64 . .	19	29	3 . .	44	-	9
- 6. .	3000 . .	160 . .	45	13	1 . .	114	16	11
- 7. .	12000 . .	640 . .	172	22	4 . .	467	7	8

Von der Classe No. 1., den eigentlich Armen, zu 75 Thlr. jährlichen Ausgaben, wäre also nicht allein N i c h t s baar zu erheben, sondern sie zahlen schon durch die Salz- und Branntweinsteuer noch 1 Sgr. 10 Pf. z u v i e l; was man, wenn der Betrag nicht zu unbedeutend wäre, dadurch heben könnte, dafs man ihnen das Salz, welches sie verbrauchen, um so viel wohlfeiler erliefse.

Von der Classe No. 2., mit 150 Thlr. jährlichen Ausgaben, würde die Erhebung von 2 Thlr. 26 Sgr. 4 Pf. jährlich, oder etwa 7 Sgr. 2 Pf. m o n a t l i c h b a a r, vielleicht mitunter noch einige Schwierigkeiten haben. Da indessen diese Classe besonders aus Hand-Arbeitern und Dienstleuten bestehen wird, so würde die Schwierigkeit vermindert und vielleicht gehoben werden, wenn sie selbst sich so einrichteten, dafs ihre Steuer, als Theil ihres Lohns, von den A r b e i t g e b e r n bezahlt wird und also dann von D i e s e n erhoben werden könnte.

Bei den Übrigen würde die Erhebung des baaren Theils der Steuer wohl keine Schwierigkeiten haben. Den B e s o l d e t e n würde man natürlich den baaren Theil der Steuer sogleich von ihrem Solde zurückbehalten; und allen Andern könnte noch dadurch eine Erleichterung verschafft werden, dafs man Denen, welche erklären, die Steuer monatlich selbst einliefern zu wollen, und es das Jahr hindurch pünctlich gethan haben, beim letzten Monat so viel vom Hundert der Jahressteuer erläfst, als im Ganzen verhältnifsmäfsig die Erhebung kostet.

Alle, und besonders die ärmeren Classen, würden nun zunächst unmittelbar die bisherige Classensteuer und die Gewerbsteuer ersparen; dann aber mittelbar ein Bedeutendes dadurch, dafs ihnen der erste Unterricht ihrer Kinder nichts mehr kostet; was besonders für eine Familie mit vielen Kindern wichtig ist; so wie ferner dadurch, dafs sie, weil die Mahl- und Schlachtsteuer, die Malzsteuer und die Grundsteuer wegfällt, wenigstens mit der Zeit, wohlfeileres Brod, Fleisch und Bier bekommen müssen. Die obige Art der Besteurung würde also, besonders den ärmeren Classen eine grofse Erleichterung gewähren, während die Begüterteren keinesweges überlastet sein würden: denn der baare Theil ihrer Steuern erreicht noch nicht den 25ten Theil ihrer Ausgaben.

Leicht wäre es auch noch, die *baar* zu erhebenden Theile der Gesammtsteuer, da wo die Mahl- und Schlachtsteuer eingeführt sind, noch weiter zu vermindern. Man dürfte nur diese Steuern, etwa herabgesetzt, fortbestehen lassen. Die Mahlsteuer beträgt im Durchschnitt für eine Familie von 5 Personen jährlich etwa 4 Thlr., die Schlachtsteuer 2 Thlr. 20 Sgr.; und da nun diese Steuern, wenigstens die Mahlsteuer, gleich der Salzsteuer, solche sind, die alle Classen gleich hoch treffen und also Allen zu gleichen Beträgen auf ihre Gesammtsteuer abzurechnen sind, so könnte man dadurch erlangen, dafs auch die zweite Classe, mit 150 Thlr. Ausgaben, gar nichts mehr an Steuer *baar* zu entrichten hätte und dafs die Baarzahlung, selbst der dritten Classe, mit 300 Thlr. jährlichen Ausgaben, wohl bis auf Einviertel der sie treffenden Gesammtsteuer sich verminderte.

Alle Verbrauchs- oder sogenannten indirecten Steuern, insofern sie von der Art sind, dafs sie nicht so leicht umgangen werden können und dafs ihre Erhebung nicht etwa sonst schwierig und verletzend ist, sind den baaren Steuern vorzuziehen; denn sie gehen leichter und sicherer ein, weil sie nicht von der grofsen Menge der einzelnen Steuerpflichtigen, sondern immer nur von viel wenigeren Personen erhoben werden, die sie dann auf die Verbrauchsgegenstände weiter vertheilen; und für die Steuerpflichtigen sind sie weniger empfindlich und merkbar, als baare Steuerzahlungen, weil die Steuernden sie in den kleinsten Theilen und nur durch ihr eigenes Bedürfnifs dazu getrieben, nicht auf einmal und nicht in Folge besondern äufseren Zwanges entrichten. Drückend und ungerecht können Verbrauchsteuern, wie schon bemerkt, nur dann werden, wenn die Unverhältnifsmäfsigkeit, mit welcher sie etwa die Steuernden treffen, nicht ausgeglichen wird: aber nicht im mindesten ungerecht, und dabei weniger drückend als baare Steuern sind sie, wenn man den verhältnifsmäfsigen Theil davon den Steuernden auf ihre Gesammtsteuer *abrechnet.* Wenn also selbst noch mehrere dergleichen Verbrauchsteuern möglich und zu finden sein sollten, würde ihre Erhebung vorzugsweise vor der Erhebung des ihnen entsprechenden baaren Theils der Gesammtsteuer zu empfehlen sein. Selbst eine Erhöhung der beibehaltenen Verbrauchsteuern, besonders der Salz-, Stempel- und der Branntweinsteuer, würde es sein; denn von Niemanden würde durch die Erhöhung auch nur das Geringste mehr verlangt. Die Erhöhung wäre vielmehr nur eine Erleichterung der Besteuerten für den baaren Theil ihrer Gesammtsteuer; zugleich wäre sie eine Erleichterung der Erhebung.

§. 23.

Übrigens ist zu bemerken, dafs, wenn der Steuerbedarf der Regierung allmälig sich vermindert: durch Tilgung der Staatsschuld, durch Verminderung des Landheeres, durch Vereinfachung der Verwaltung u. s. w., auch die Gesammtsteuer in demselben Verhältnifs abnimmt; und der baar zu zahlende Theil derselben in noch stärkerem Verhältnifs. Verminderte sich z. B. das Steuerbedürfnifs um Einachtel, also um 7 bis 8 Mill. Thlr., so würde an Steuer nur noch Folgendes baar zu erheben sein.

Classe.	Jährliche Ausgaben	Gesammt-steuer	Davon gehen ab			Bleiben also baar zu erheben		
	Thlr.	Thlr.	Thlr.	Sgr.	Pf.	Thlr.	Sgr.	Pf.
1. .	75 . .	$3\frac{1}{2}$ . .	4	1	10	*Nichts* und 16 Sgr. 10 Pf. zu erlassen.		
2. .	150 . .	7 . .	5	3	8 . .	1	26	4
3. .	300 . .	14 . .	7	7	3 . .	6	22	9
4. .	600 . .	28 . .	11	14	7 . .	16	15	5
5. .	1200 . .	56 . .	19	29	3 . .	36	-	9
6. .	3000 . .	140 . .	45	13	1 . .	94	16	11
7. .	12000 . .	560 . .	172	22	4 . .	387	7	8

§. 24.

Wir wollen nun auch noch erst die oben angekündigte Berechnung der Steuervertheilung nach der in der frühern Schrift aufgestelten Art geben, um zu sehen, wie es sich verhalten würde, wenn man die Steuer, nicht nach den einfachen Regeln (§. 10. und 11.) blofs in geradem Verhältnifs der jährlichen Ausgaben der Steuerpflichtigen, sondern, den Erwägungen in (§. 12.) zufolge, in stärkerem Verhältnifs und für die höchsten Ausgaben noch bis zum Doppelten steigen liefse.

In solchem Falle würde eine Familie von 5 Personen, mit 5 Steuer-Einheiten Ausgabe, nach der Regel (§. 12.) $3^3/_4$ Einheiten zu versteuern haben. Nemlich, auf jedes Familienglied kommt 1 Einheit. Dies, nach der Regel in (§. 12) doppelt genommen und 1 davon abgezogen, giebt wieder 1 Einheit, also für die 5 Familienglieder 5 Einheiten. Hiervon nach der Regel (§. 10.) für die 3 Kinder und die Frau 3 und 2 mal 5 v. H., also 25 v. H. oder den vierten Theil abgezogen, giebt $3^3/_4$ Einheiten. Beträgt die Ausgabe einer Familie 10 Steuer-Einheiten, so kommen auf jedes Familienglied 2 Einheiten. Dies doppelt genommen und 1 davon abgezogen giebt 3 Einheiten, also für die Familie 15 Einheiten, und davon wieder nach (§. 10.) 25 v. H. oder den vierten Theil abgezogen, $11^1/_4$ Einheiten. Auf gleiche Weise für die oben angenommenen 20, 40, 80, 200 und 800 Einheiten in den übrigen Classen gerechnet, ergeben sich $26^1/_4$, $56^1/_4$, $116^1/_4$, $296^1/_4$ und $1196^1/_4$ zu versteuernde Einheiten.

Zusammengenommen also findet sich Folgendes.

Classe.	Zahl der Familien	Jährliche Ausgaben der Familie Thlr.	Dieselben in Steuer-Einheiten	Zu versteuernde Einheiten	Thut solcher Einheiten
1. .	645 000 . .	75 . .	5 . .	$3\frac{3}{4}$ . .	2 418 750
2. .	1 100 000 . .	150 . .	10 . .	$11\frac{1}{4}$ . .	12 375 000
3. .	800 000 . .	300 . .	20 . .	$26\frac{1}{4}$ . .	21 000 000
4. .	550 000 . .	600 . .	40 . .	$56\frac{1}{4}$ . .	30 937 500
5. .	150 000 . .	1200 . .	80 . .	$116\frac{1}{4}$ . .	17 437 500
6. .	50 000 . .	3000 . .	200 . .	$296\frac{1}{4}$ . .	14 812 500
7. .	5 000 . .	12 000 . .	800 . .	$1196\frac{1}{4}$ . .	5 981 250
Zus.	3 300 000			Zusammen	104 962 500

Um also den Steuerbedarf von 62 255 086 Thlr. aufzubringen, mufs jetzt jede der 104 962 500 Steuer-Einheiten mit *18 Silbergroschen* Steuer belegt werden. Denn 104 962 500 Einheiten zu 18 Sgr. geben (mit einem Überschufs von etwa 720 000 Thlr. zu Ausfällen) 62 977 500 Thlr. Ertrag.

Dieser Ertrag vertheilt sich wie folgt.

Classe.	Zahl der Familien	Jährliche Ausgabe der Familie	Die Familie hat an Steuer zu bezahlen			
			Für	Zu	Thut	
		Thlr.	Einheiten	Sgr.	Thlr.	Sgr.
1. .	645 000 . .	75 . .	$3\frac{3}{4}$ . .	18 . .	2	$7\frac{1}{2}$
2. .	1 100 000 . .	150 . .	$11\frac{1}{4}$ . .	18 . .	6	$22\frac{1}{2}$
3. .	800 000 . .	300 . .	$26\frac{1}{4}$ . .	18 . .	15	$22\frac{1}{2}$
4. .	550 000 . .	600 . .	$56\frac{1}{4}$ . .	18 . .	33	$22\frac{1}{2}$
5. .	150 000 . .	1200 . .	$116\frac{1}{4}$ . .	18 . .	69	$22\frac{1}{2}$
6. .	50 000 . .	3000 . .	$296\frac{1}{4}$ . .	18 . .	177	$22\frac{1}{2}$
7. .	5 000 . .	12000 . .	$1196\frac{1}{4}$ . .	18 . .	717	$22\frac{1}{2}$
Zusammen	3 300 000					

Classe.	Thut von ihrer Ausgabe		Und zusammen an Steuer
1. . .	3	v. H. . . .	1 451 250 Thlr.
2. . .	$4\frac{1}{2}$	- - . . .	7 425 000 -
3. . .	$5\frac{1}{4}$	- - . . .	12 600 000 -
4. . .	$5\frac{5}{8}$	- - . . .	18 562 500 -
5. . .	$5\frac{13}{16}$	- - . . .	10 462 500 -
6. . .	$5\frac{37}{40}$	- - . . .	8 887 500 -
7. . .	$5\frac{157}{160}$	- - . . .	3 588 750 -
		Zusammen	62 977 500 Thlr.

Bei der *Erhebung* dieser Steuer sind *anzurechnen:* von den 9 942 145 Thlr. Salz- und Branntweinsteuer, wenn sie beibehalten werden, jeder Familie wieder wie in (§. 22.) 3 Thlr. Auch von den 16 597 737 Thlr. Grenzzöllen und Stempelsteuer, wenn man sie beibehält, fallen auf die verschiedenen Classen *dieselben* Beträge wie oben; denn diese Steuern sind nicht nach Verhältniſs der zu versteuernden Einheiten, sondern im Verhältniſs der Ausgaben zu vertheilen. Es bleibt also von der Gesammtsteuer Folgendes baar zu erheben.

Classe.	Jährliche Ausgabe der Familie	Gesammtsteuer		Davon gehen ab			Bleiben also baar zu erheben		
	Thlr.	Thlr.	Sgr.	Thlr.	Sgr.	Pf.	Thlr.	Sgr.	Pf.
1.	75	2	$7\frac{1}{2}$	4	1	10	*Nichts* und 1 Thlr. 24 Sgr. 10 Pf. zu erlassen		
2.	150	6	$22\frac{1}{2}$	5	3	8	1	18	10
3.	300	15	$22\frac{1}{2}$	7	7	3	8	15	3
4.	600	33	$22\frac{1}{2}$	11	14	7	22	7	11
5.	1200	69	$22\frac{1}{2}$	19	29	3	49	23	3
6.	3000	177	$22\frac{1}{2}$	45	13	1	132	9	5
7.	12000	717	$22\frac{1}{2}$	172	22	4	545	-	2

§. 25.

Die Ergebnisse der beiden Arten der Steuervertheilung, nemlich:

I. Die Steuer bloſs einfach im Verhältniſs der Ausgaben steigend, und

II. Stärker und für die höchste Ausgabe noch bis zum Doppelten steigend, sind also gegeneinandergestellt folgende:

Classe.	Jährliche Ausgabe der Familie	Gesammtsteuer einer Familie Nach I.	Nach II.		Thut vom Hundert der Ausgabe Nach I.	Nach II.
	Thlr.	Thlr.	Thlr.	Sgr.		
1.	75	4	2	$7\frac{1}{2}$	$5\frac{1}{3}$	3
2.	150	8	6	$22\frac{1}{2}$	$5\frac{1}{3}$	$4\frac{1}{2}$
3.	300	16	15	$22\frac{1}{2}$	$3\frac{1}{3}$	$5\frac{1}{4}$
4.	600	32	33	$22\frac{1}{2}$	$5\frac{1}{3}$	$5\frac{5}{8}$
5.	1200	64	69	$22\frac{1}{2}$	$5\frac{1}{3}$	$5\frac{13}{16}$
6.	3000	160	177	$22\frac{1}{2}$	$5\frac{1}{3}$	$5\frac{37}{40}$
7.	12000	640	717	$22\frac{1}{2}$	$5\frac{1}{3}$	$5\frac{157}{160}$

Classe.	Baar zu erhebende Steuer Nach I.			Nach II.		
1.	*Nichts* und 1 Sgr. 10 Pf. zu erlassen			*Nichts* und 1 Thlr. 24 Sgr. 4 Pf. zu erlassen		
	Thlr.	Sgr.	Pf.	Thlr.	Sgr.	Pf.
2.	2	26	4	1	18	10
3.	8	22	9	8	15	3
4.	20	15	5	22	7	11
5.	44	-	9	49	23	3
6.	114	16	11	132	9	5
7.	467	7	8	542	-	2

Hieraus zeigt sich, daſs, obgleich die am meisten Ausgebenden, wenn man sie nach der Berechnungs-Art II. höher als nach dem einfachen Verhältniſs ihrer Ausgaben belastet, wirklich verhältniſsmäſsig in doppeltem Verhältniſs so viel zu zahlen bekommen, als die ärmste Classe, nemlich $5^{157}/_{160}$ oder sehr nahe an 6 v. H. ihrer Ausgaben, während die ärmste Classe nur 3 v. H. zahlt, dennoch die Steuern der verschiedenen Classen nach der Berechnungs-Art I. von denen nach II. *nicht sehr verschieden sind.* Die erste oder ärmste Classe hat nemlich nach beiden Berechnungs-Arten Nichts baar zu zahlen, sondern entrichtet Das was verhältniſsmäſsig auf sie fällt schon durch die Salzsteuer und die Branntweinsteuer. Die zweite Classe hat nach I. nur 1 Thlr. $7^1/_2$ Sgr. jährlich mehr baar zu zahlen. Für die dritte, vierte und fünfte Classe sind die baaren Zahlungen nach II. überhaupt nur wenig von denen nach I. verschieden; und nur in der sechsten und siebenten Classe sind die baaren Zahlungen nach II. merklich höher, als nach I.

Der Grund dieses scheinbaren Widerspruchs liegt darin, daſs, wenn man für die Behaglicherlebenden eine gröſsere Zahl zu versteuernder Einheiten ansetzt, als ihnen nach dem einfachen Verhältniſs ihrer Ausgaben gegen die der Ärmeren zukommt, z. B. für die siebente Classe nach (§. 24.) $1196^1/_4$ Einheiten, statt der auf sie nach dem bloſs einfachen Verhältniſs gemäſs (§. 19.) fallenden 600 Einheiten, also beinahe doppelt so viel, dadurch auch die gesammte Zahl zu versteuernder Einheiten viel gröſser wird, nemlich von 58 668 750 (§. 18.) auf 104 962 500 (§. 24.) steigt. Dadurch sinkt dann die für die Einheit nöthige Steuer von 1 Thlr. 2 Sgr. (§. 20.) auf 18 Sgr. (§. 24.) hinab; und hierdurch gewinnen die Ärmeren nur wenig, während auf die Reichen nur etwas mehr fällt, nicht doppelt so viel.

Da nun aber Der, welchem man das *Doppelte des Vielfachen* seiner Ausgaben von denen des Andern ansetzt: Der, welcher *Sechs vom Hundert* seiner Ausgaben steuert, gegen den Andern, der nur *Drei vom Hundert* der seinigen zahlt, *wirklich* doppelt so hoch besteuert wird als dieser, und ein *noch* höherer Ansatz über alle Gerechtigkeit und Billigkeit hinausgehen dürfte, auch selbst ein solcher *noch höherer* Satz die Armen doch immer nur erst wenig mehr erleichtern würde, so folgt hieraus und aus den in (§. 13.) angegebenen Gründen, dafs für die Vertheilung der Steuern die Berechnungs-Art II. nicht zu empfehlen, sondern dafs die Vertheilung der Steuern blofs im einfachen Verhältnifs der Höhe der Ausgaben die richtigere und bessere sein dürfte.

Übrigens zeigt sich hier ein recht anschaulicher und sicherer, nemlich durch Zahlen erhärteter Beweis, dafs selbst die äufserste Belastung der Reichen mit Steuern die Armen doch immer nur wenig erleichtern würde. Die Belastung der Wohlhabenden auf die Spitze getrieben, z. B. sie allein mit den Steuern zu belegen, wäre Etwas, das auf die gleiche Vertheilung des Besitzes hinstrebt: auf diesen Gipfel einer Ungerechtigkeit, die, wenn sie auch auszuführen *möglich* wäre, doch noch nicht zur Folge haben würde, dafs die Armen reich oder auch nur wohlhabend werden, sondern nur, dafs die Reichen und Wohlhabenden ebenfalls arm werden und dafs es dann nicht mehr Reiche und Arme, sondern nur lauter Arme geben würde. Eben so ungerecht, wie die gleiche Vertheilung des *Besitzes*, wäre dagegen auch wieder eine gleiche Vertheilung der *Steuer*. Vollkommen gerecht und billig ist es, dafs Jeder im einfachen Verhältnifs der Höhe seiner Ausgaben zu dem Steuerbedarf des Staats beitrage.

§. 26.

Die *Bezirks-* und *Gemeindesteuern* würden nach denselben Regeln zu vertheilen sein, wie die Staatssteuern.

Sonstige Steuern, welche Einzelne ohne gleichwerthige Gegenleistungen zu erheben berechtigt und die zum Theil drückend, oder doch, weil sie aus alten Zeiten und längst vergangenen Verhältnissen herstammen, lästig sind und jetzt unbillig zu sein scheinen, würden zum wesentlichen Nutzen beider Theile, sowohl der Steuerpflichtigen, als der Einnahme-Berechtigten, aufzuheben sein; und zwar *gegen Entschädigung* der Letztern durch die Erstern, oder, wo es billig ist, durch den Staat. Ohne Entschädigung darf die Aufhebung natürlich *nie und nirgend* geschehen, weil ein Steuer-Anspruch ein Theil des *Besitzes* des Einnahme-Berechtigten ist, der die Steuer nicht eingeführt, sondern ererbt oder erkauft hat; so daſs die Aufhebung der Steuer ohne alle Entschädigung ein Eingriff in das Eigenthum sein würde. Ein solcher Eingriff, ohne alle Rücksicht, darf aber niemals und nirgends Statt finden; denn wird er irgendwo für Recht erkannt, so kann mit *demselben* Recht, entweder der Staat nicht allein Denen, welche *Viel* besitzen, sondern (*was wohl zu merken ist*) auch Denen, die *Wenig* besitzen, von dem Ihrigen nehmen; oder auch Diese und Jene können einander es thun. Dies wäre aber dann der Zustand der Gewaltsamkeit. Die Folge wäre ein Kampf der beiden Parteien, bei welchem es zuletzt darauf ankäme, welche Partei aus ihrer Mitte, oder auch an Söldnern, die meisten Streiter ins Feld stellen könnte; und die weitere Folge wäre natürlich die Zerstörung der Gesellschaft.

Die Entschädigung für die aufzuhebenden lästigen Steuern wird aber vom Staate, wenn auch nicht mit wirklichem Recht, so doch nach völliger Billigkeit, immer nur *möglichst gering* zu bestimmen sein; und um so geringer, je drückender und veralteter die Steuer ist, je unbilliger sie zu sein scheint und jemehr sie der Anfechtung ausgesetzt ist. Es lieſse sich zwar aus der Pflicht des Eigenthums, Niemanden durch dessen Benutzung, weder dem Einzelnen, noch auch dem Gemeinwesen Schaden zuzufügen, sogar scheinbar ein *Recht* herleiten, die Entschädigung *sehr* gering anzusetzen, weil die drückenden und lästigen Steuern in der That nicht bloſs den Steuerpflichtigen, sondern selbst dem Gemeinwesen auf die Weise schaden, daſs sie stete Unzufriedenheit nähren. Indessen ist die Herleitung nicht haltbar, weil der Einnahme-Berechtigte von diesem Schaden nicht die Schuld trägt. Dagegen die *volle Billigkeit* findet *wirklich* Statt und liegt darin, dafs thatsächlich der Besitz einer Steuerberechtigung um so weniger werth ist, je mehr die Berechtigung auf irgend eine Weise bestritten und angefochten werden kann, und je mehr sie Andere belästigt. Bei vielen solchen Steuern werden daher auch die Einnahme-Berechtigten sogar zu ihrem eigenen Vortheil wohl thun, wenn sie die lästigsten Steuern freiwillig ohne Entschädigung aufgeben; denn ihr sonstiger Besitz wird dadurch fernerhin unbestreitbarer und kann so an wirklichem Werth leicht mehr gewinnen, als verlieren.

§. 27.

In Folge aller obigen, durch Gründe gerechtfertigten Auseinandersetzungen läfst sich nun mit Bestimmtheit sagen, dafs es wohlgethan sein würde, die Vertheilung der Steuern nach der beschriebenen Art, und zwar nach dem blofs einfachen Verhältnifs der Ausgaben der verschiedenen Classen der Staatsgenossen, wirklich auszuführen. Es würde dadurch, weil die Steuern Etwas sind, was Jeden so unmittelbar und so fühlbar berührt, nicht allein theils ein wirklicher Grund, theils ein Hauptvorwand zur Unzufriedenheit gehoben werden, sondern es würde auch Gerechtigkeit geübt und die ärmeren Classen würden *wirklich* wesentlich und bedeutend erleichtert werden. Die Salzsteuer und die Branntweinsteuer allein betragen, wie sich oben zeigte, für die mit dem wenigsten körperlichen Behagen lebende Classe schon so viel, als billigerweise auf sie kommt; und nun fallen die Mahl- und Schlachtsteuer, welche durch die gegenwärtige Classensteuer schwerlich wird gehoben werden, ferner der auf die Kosten ihres Bedarfs wirkende Theil der Grundsteuer, die Gewerbesteuer u. s. w., so wie die Kosten des ersten Unterrichts ihrer Kinder obendrein noch auf sie: fast um alles Dieses würden sie erleichtert werden; und diese Erleichterung ist für die Ärmeren *sehr* bedeutend. Schon allein die Aufhebung der Grundsteuer und die Unentgeltlichkeit des ersten Schul-Unterrichts würde auf Wohlsein und *Zufriedenheit* eine ungemein vortheilhafte Wirkung haben und eine Menge von Übelständen und Unzuträglichkeiten auf eine einfache und Jeden befriedigende Weise heben; wie Solches, die Grundsteuer betreffend, in (§. 33. und 34.) der Schrift des Weiteren auseinandergesetzt ist.

§. 28.

Es ist, im Allgemeinen erwogen, offenbar ganz unmöglich, anders zu einer richtigen und billigen Vertheilung der Steuern zu gelangen, als auf die Weise: *dafs man vorab ausmittelt und feststellt, wieviel nach Gerechtigkeit und Billigkeit von dem Steuerbedarf des Staats zusammen auf den Einzelnen fällt;* denn sonst ist es unvermeidlich, dafs einzelne besondere Steuern, unter diesem oder jenem Namen, *zusammen* für den Ärmeren mehr, für den Wohlhabenderen weniger betragen, als billig ist. Jene Ausmittelung geschieht ohne Weiteres durch die der *jährlichen Ausgaben* der verschiedenen Classen der Gesellschaft; denn dieselben sind das *Maafs* desjenigen körperlichen Wohlseins oder Behagens, dessen Erlangung, Erhaltung und Sicherung den Einzelnen nur durch den Staatsverband möglich wird, und folglich das einzig und allein richtige Maafs der Steuern. Die *Erhebung* der Steuern ist auf verschiedene Weise möglich. Die unmittelbare Erhebung des gesammten, die Einzelnen treffenden Steuerbetrages in Baarem, würde für sie drückend und kaum ausführbar sein. Die beste Art ist die, welche für die Steuerpflichtigen am wenigsten beschwerlich und ihnen am wenigsten merkbar ist; also die, dafs man, wie oben angenommen, von den *Verbrauchsteuern* diejenigen, von welchen sich am sichersten berechnen läfst, welche Theile davon verhältnifsmäfsig auf die Einzelnen fallen, und die sonst nicht den Verkehr und den Erwerb hemmen, also namentlich die Salzsteuer, Branntweinsteuer, die Grenzzölle und die Stempelsteuer, so wie sie sind, beibehält und den Einzelnen dann natürlich Das, was sie dadurch von ihrem schuldigen gesammten Steuerbetrage schon aufbringen, auf diesen *abrechnet* und nur den Rest baar von ihnen einzieht; was, wie oben gezeigt, ganz gut angehen würde. Man könnte, wenn man wollte, sogar alle jetzigen Steuern, so wie sie sind, beibehalten; allein dies würde unnütze Hin- und Herrechnungen und sogar Hin- und Herzahlungen nach sich ziehen, und die Hemmung des Verkehrs und Erwerbes, welche einige der Steuern verursachen, würde nicht gehoben. Auf welche Weise man aber auch die Steuern *erheben* mag: die *Hauptsache* ist wie gesagt immer: erst auszumitteln und festzustellen, wieviel nach Gerechtigkeit und Billigkeit die Einzelnen *überhaupt* zu steuern haben. Ohne das ist es unmöglich, zu wissen, ob nicht, und zu vermeiden, dafs nicht diese oder jene Classen durch die einzelnen Steuern überlastet, andere zu gering getroffen werden.

§. 29.

Aus den obigen Berechnungen geht noch folgende sehr wichtige Bemerkung hervor: nemlich die, dafs selbst sehr hoch scheinende und sogar wirklich hohe Staatssteuern keinesweges, wie man nur zu oft klagen hört, und so erschreckend auch die Nennung eines Steuerbedarfs von so vielen Millionen Thalern sein mag, drückend und für Einzelne vernichtend sind. Sie sind es *nur dann,* wenn sie nicht richtig und verhältnifsmäfsig *vertheilt* sind. Billig und gerecht vertheilt, sind sie es durchaus nicht. Der Steuerbedarf des Preufsischen Staats wird, wie die obigen Berechnungen zeigen, wenn er *richtig vertheilt* ist, durch $5^1/_3$ vom Hundert oder durch etwa den *19ten Theil* der jährlichen Ausgaben der Staatsgenossen aufgebracht. Dies ist durchaus nicht drückend und vernichtend, selbst nicht für die Allerärmsten; und für diese sind die Steuern, wenn sie auf die beschriebene Art *erhoben* werden, sogar ganz, oder doch beinahe unmerklich.

Selbst jetzt schon, was im *Vorbeigehen* bemerkt werden mag, ist es doppelt unrichtig und ungerecht, wenn etwa Diejenigen, die insbesondere dadurch, dafs sie das Bestehende tadeln, das Volkswohl zu fördern vorgeben, wie man es wohl hört, sagen: die etwa 89 Mill. Thaler Steuerbedarf des Staats, auf die $3^3/_{10}$ Millionen Familien vertheilt, trügen im Durchschnitt 27 Thlr. jährlich auf die Familie, also 5 Thlr. 12 Sgr. auf den Kopf, was die Ärmeren gar nicht zu erschwingen vermöchten; und die dann wohl gar, um zu helfen, vorschlagen, die Mittel zu nützlichen Unternehmungen und zur Förderung der Wissenschaften und Künste zu kürzen, die Staatsdiener, statt ihre Zahl zu vermindern, so zu beschränken, dafs sie darben müssen und ihre Pflichten nicht redlich erfüllen können, oder auch wohl, die Kriegswehr zu vermindern, was dann den Staat in die Gefahr bringen würde, ein Spott und Raub Anderer zu werden u. s. w. Erstlich *ist* der Steuerbedarf gar nicht 89 Mill. Thaler, sondern gegen 35 Mill. Thlr. kommen davon nach (§. 19.) anders als durch Steuern auf: durch Erträge, für welche die Zahlenden Gleichwerthiges zurückerhalten, und nur etwa $53^3/_4$ Mill. Thlr. sind *Steuern;* was schon auf die Familie nur 15 Thlr. und auf den Kopf nur 3 Thlr. beträgt. Zweitens sind die $53^3/_4$ Mill. Thlr. Steuern keinesweges alle Kopfsteuern oder gleich vertheilt, sondern nur die etwa 10 Mill. Thlr. Salz- und Branntweinsteuern, die auf jede Familie etwa 3 Thlr. betragen, nebst der Mahlsteuer, da wo sie eingeführt ist, und welche auf die Familie etwa 4 Thlr. beträgt, sind als gleich-ausgetheilte oder Kopfsteuern zu betrachten: alle übrigen Steuern vertheilen sich schon mehr verhältnifsmäfsig und treffen die ganz Armen nur wenig. Also kommen auf diese nur 7, höchstens 8 Thlr. jährlich, nicht 15, und noch weniger 27 Thlr.

So ungefähr dürfte es jetzt sein. Verhältnifsmäfsig aber, nach der oben beschriebenen Art vertheilt, kommen nach (§. 19.) auf die am beschränktesten lebenden Familien zusammen nur 4 Thlr. jährlich, und diese bezahlen sie schon durch die

Salz- und die Branntweinsteuer und haben aufserdem *gar nichts* baar zuzuschiefsen. Dabei ersparen sie die Kosten des Schul-Unterrichts ihrer Kinder. Die Behaglicherlebenden ihrerseits werden durchaus nicht überlastet. Also sind die 89 Mill. Thaler Ausgaben der Verwaltung ***durchaus nicht drückend,*** und es ist gar nicht nöthig, mit den Ersparungen über Das hinaus, was wirklich möglich und rathsam ist, zum wesentlichen Nachtheil des Staats, Dasjenige anzugreifen, was gerecht, nothwendig und nützlich ist.

§. 30.

Hieran schliefst sich aber dann noch weiter eine andere, eben so wichtige Bemerkung, nemlich die: dafs ***blofs durch die sehr einfache und gerechte Maafsregel, die Steuern richtig zu vertheilen,*** dem Staate ein ungemein mächtiges Mittel zu Theil werden könnte: einerseits auf den Bedarf zur nöthigen Hülfe in unvermeidlichen Unfällen, Krieg, Theurung, ansteckenden Krankheiten u. s. w. vorbereitet zu sein: andrerseits wirksame und durchgreifende Verbesserungen zur Erhöhung des Wohlstandes des Volks auszuführen, wie z. B. Urbarmachungen und Verbesserungen des Grund- und Bodens, Ansiedelungen im Lande, um den Eigenthumslosen zu einem kleinen Eigenthum zu verhelfen, Strafsen und andere Vervollkommnungen, die den Wohlstand und das Gesammtvermögen des Staats immer steigend erhöhen. Zufolge (§. 18.) sind nemlich die Gesammt-Ausgaben der Staatsbewohner auf etwa 1173 Mill. Thaler zu schätzen. Davon beträgt ***der Hunderte Theil*** (oder 1 pro cent) etwa $11\frac{3}{4}$ Mill. Thlr.; und diese Summe würde aufgebracht werden durch eine Steuer-Erhöhung von $5\frac{1}{3}$ auf $6\frac{1}{3}$ v. H. der Ausgaben. Jetzt, durch einzelne neue Steuern, oder durch Erhöhung der alten, würde eine solche Vermehrung der Einnahme allerdings unbeschreiblich drückend, ja sogar für einige Dauer völlig unmöglich sein. Sind dagegen die Steuern richtig und verhältnifsmäfsig vertheilt, so verhält es sich anders. Dann fällt von einer Steuer-Erhöhung von $5\frac{1}{3}$ auf $6\frac{1}{3}$ v. H., oder vom 19ten bis auf den 16ten Theil der Ausgaben, auf eine Familie in den obigen 7 Classen

von	75 Thlr.,	150 Thlr.,	300 Thlr.,	600 Thlr.,	1200 Thlr.,
nur	$22\frac{1}{2}$ Sgr.,	$1\frac{1}{2}$ Thlr.,	3 Thlr.,	6 Thlr.,	12 Thlr.,
oder	2 Sgr.,	4 Sgr.,	$7\frac{1}{2}$ Sgr.,	15 Sgr.,	1 Thlr.,

von	3000 Thlr.	und	12000 Thlr.	jährlicher Ausgabe,
nur	30 Thlr.	und	120 Thlr.	jährlich,
oder	$2\frac{1}{2}$ Thlr.	und	10 Thlr.	monatlich;

was noch für Niemand drückend sein würde; um so weniger, da es nicht baar abverlangt werden dürfte, sondern durch einige Erhöhung der Salz- und Branntweinsteuer und durch Beibehaltung eines Theils der Mahl- und Schlachtsteuer aufgebracht werden könnte.

Verwendete nun der Staat etwa die Hälfte der $11\frac{3}{4}$ Mill. Thlr. mehrere Einnahme zur *Tilgung der Staatsschuld* und legte die ersparten Zinsen in den *Schatz*, wo das Geld auch recht gut durch Ankauf von sicheren Papieren seine Zinsen tragen könnte, so dafs die Staatsschuld in einer kleinen Reihe von Jahren getilgt werden würde: die andere Hälfte auf *Landesverbesserungen*, so würde die Wirkung ungemein grofs sein.

Durch den Staatsschatz würde die Verwaltung auf Unfälle vorbereitet und nicht mehr gezwungen sein, grade dann, wenn die Unfälle da sind, von den Staatsgenossen Hülfe zu verlangen, die ihnen dann grade am schwersten fällt; die Staatsschuld würde sich allmälig in einen Staatsschatz verwandeln, und nachdem dies geschehen, könnte nicht allein der dazu verwendete Theil der Steuer-Erhöhung wieder wegfallen, sondern auch der andere, auf Landesverbesserungen verwendete Theil, weil dann die bisherigen Mittel zur Verzinsung der Staatsschuld an seine Stelle treten; also könnte die ganze Steuer-Erhöhung wieder wegfallen. Es wäre folglich die ganze Staatsschuld gewonnen, und der Ertrag der gleichzeitig ausgeführten Landesverbesserungen obendrein, während ein Staatsschatz für Unfälle zurückgelegt wäre. Die Landesverbesserungen aber wären eine wahre und echte Erhöhung des *Volksvermögens*, welche wieder auch eine Erleichterung des Volks bei seiner Steuerpflichtigkeit zur unmittelbaren Folge hat. Weiterhin, nachdem man zunächst auf den alten Steuersatz zurückgekommen wäre, würden die Landesverbesserungen ohne weitern Steuerzuschlag aus Dem, was jetzt aus dem Steuer-Ertrage die Zinsen der Staatsschuld wegnehmen, ihren *weitern Fortgang* haben können. Und wenn man den Staatsschatz, wenigstens theilweise, auf Zinsen anlegte, so könnte sogar der jetzige Steuerbedarf noch um den Betrag dieser Zinsen vermindert werden, während die jetzigen Zinsen der Staatsschuld für Landesverbesserungen blieben, die also dann sogar bei *verminderten* Steuern fortgesetzt werden könnten.

Man sage nicht von solchen Landesverbesserungen, aus Steuern, es sei nicht ganz gerecht, dafs *Alle* (wie es bei einer Steuer der Fall sein würde) zu Dingen beitragen sollen, von welchen zunächst nur diese oder jene Gegend Nutzen hat. Allmälig kommt der Nutzen *Allen* zu gut: theils unmittelbar, theils mittelbar durch die Erleichterung, welche den Ärmeren, schon vermöge der richtigen Steuervertheilung, durch den wachsenden Wohlstand Anderer zu Theil wird. Nur derjenige Staat ist stark und im Wohlstande, dessen Volk ein Ganzes ist. Das ist die Wirkung der Vergesellschaftung überhaupt. Vereinte Kräfte verstärken sich wechselseitig immer fort: zersplitterte und dabei (was nicht ausbleibt) einander entgegenlaufende Kräfte schwächen sich und streben, statt der Förderung, der Zerstörung entgegen.

Alle in diesem Absatz beschriebenen sehr grofsen Wirkungen zur Förderung des Wohlseins des Gemeinwesens sind jetzt *nicht* erreichbar: aber sie sind *sehr wohl* erreichbar, ohne irgend Jemand zu drücken und zu überlasten, *blofs durch eine richtige und wirklich verhältnifsmäfsige Vertheilung und durch eine angemessene Erhebungs-Art der Steuern.*

§. 31.

Die Nothwendigkeit und Billigkeit einer Erleichterung der Ärmeren durch eine mehr verhältnifsmäfsige Besteurung ist auch jetzt vollkommen anerkannt. Aber dem guten Willen ist nun auch recht sehr und dringend zu wünschen, dafs die Erleichterung nach dem wirklich richtigen Maafse geschehen möge. Namentlich und insbesondere ist zu wünschen, dafs man nicht die richtige Ausgleichung in einer Vermögen- oder Einkommensteuer suchen möge.

Sollen *neben* dieser Vermögen- oder Einkommensteuer *alle* übrigen Steuern *wegfallen*, so wird der Steuerbedarf auf diese neue Weise noch keinesweges richtig vertheilt; aus dem doppelten Grunde, weil es erstens in den meisten Fällen unmöglich ist, Vermögen oder Einkommen auch nur annähernd richtig auszumitteln, sogar dem Besitzer selbst, um so mehr der Obrigkeit; und dann zweitens, weil, wie oben bewiesen, Vermögen und Einkommen gar nicht das richtige und billige Maafs der Steuer *sind*. Die *Ausgaben* der Einzelnen allein sind es, denn sie sind das Maafs ihres körperlichen Wohlseins.

Sollen dagegen *neben* der neuen Vermögen- und Einkommensteuer die alten Steuern, etwa mit Ausnahme der bisherigen Classensteuer, *bleiben*, vielleicht hie und da etwas vermindert, so dafs die neue Steuer wieder eine Art von Classensteuer sein würde, so ist man auch dann noch auf keine Weise versichert, dafs nunmehr die *gesammten* Beiträge der Steuerpflichtigen zum Steuerbedarf unter einander wirklich im richtigen Verhältnifs stehen und nach dem richtigen Maafse abgemessen sind; denn einestheils hat man dieses Maafs (*die Ausgaben*) gar nicht ausgemittelt, anderntheils ist es bei vielen der bisherigen Steuern, z. B. der Grundsteuer, der Schlachtsteuer u. s. w. nicht möglich, auch nur einigermafsen richtig zu berechnen, wieviel davon auf die verschiedenen einzelnen Classen fällt. Die Vermögen- oder Einkommensteuer *neben* den bisherigen Steuern wäre nichts anders, als eine, schon wegen der Unmöglichkeit der Ausmittlung der wahren Vermögen und Einkommen, sehr willkürliche Inanspruchnahme des Besitzes und Wohlstandes, oder vielmehr des *scheinbaren* Besitzes und Wohlstandes; ohne die geringste Gewähr, daſs die Ärmeren dadurch auch nur in einigermaſsen richtigem Verhältniſs erleichtert werden. Es könnte kommen, daſs die Unverhältniſsmäſsigkeit der jetzigen Vertheilung der Steuern, statt vermindert, noch vergröſsert würde, ja sogar, daſs durch die Rückwirkung der neuen Unverhältniſsmäſsigkeit von den Mehr- auf die Weniger-Behaglichen, den Ärmeren eher geschadet als genützt würde.

Es lassen sich freilich Gründe für die Vermögen- und Einkommensteuer aufstellen: denn wofür lieſsen sich nicht Gründe finden? es giebt ja deren selbst für die Sclaverei, für den Zweikampf u. s. w.; aber diese Gründe sind entweder Scheingründe, oder die Gegengründe sind bei weitem überwiegend. Oder es läſst sich auch, auf Gründe verzichtend, vielleicht bloſs sagen: die Vermögen- oder Einkommensteuer sei ja hie und da wirklich ausgeführt worden, und deshalb werde und müsse sie auch hier ausführbar sein. Allein dies beweiset nicht, daſs sie gerecht und billig sei. Denn auch z. B. die Sclaverei ist auf einem groſsen Theile der Erdfläche wirklich ausgeführt und erhält sich fortwährend, nicht bloſs unter rohen Völkern, sondern auch unter gesitteten Menschen, ja selbst unter dem Volke, welches das freiste von allen sich nennt, in Nord-America. Gleichwohl ist die Sclaverei das schreiendste und scheuſslichste Unrecht. Alles was für die Vermögen- oder Einkommensteuer sich aufstellen lassen mag: seien es Scheingründe, oder theilweise wirkliche, aber von den Gegengründen überwogene Gründe, oder Berufung auf die Wirklichkeit und Erfahrung, oder am Ende bloſse Meinungen, oder auch irgend eine ***Macht***, z. B. die einer Stimmenmehrheit, beweisen für die Gerechtigkeit derselben ***Nichts***. Vermögen- oder Einkommensteuer sind und bleiben nicht die richtigen und billigen. Alles Jenes vermag für sie, der Wahrheit und wirklichen Gründen gegenüber, nichts. Die *Wahrheit* steht hoch über allen Meinungen; sie ist unerschütterlich.

§. 32.

Sollten schlechterdings Vermögen- oder Einkommensteuer ausgeführt werden, so würden die übeln Folgen bald sich zeigen.

Schätzt man die Vermögen und Einkommen, um danach eine Steuer abzumessen, so gelangt man zu einer unrichtigen und sehr unrichtigen Vertheilung des Steuerbedarfs, und übt also gesetzlich eine Ungerechtigkeit. Fordert man gar die Angabe der Vermögen und Einkommen von den Steuerpflichtigen *selbst* so ist das Übel noch ärger, während die Mifsgriffe nicht geringer sein werden. Denn schon die blofse Frage nach dem Besitze oder dem Einkommen der Einzelnen ist eine schmerzliche Verletzung der natürlichen, billigen und gesetzlichen Freiheit und Selbständigkeit der Menschen; und die offene Darlegung von Vermögen oder Einkommen kann den Steuerpflichtigen in sehr vielen Fällen Verluste zufügen, die noch über die Steuer selbst hinausgehen. Dann aber (und das ist das Übelste von Allem) zwingt man die Steuerpflichtigen, wenn man von ihnen eine Angabe verlangt, die ihnen in den bei weitem meisten Fällen zu machen unmöglich ist, zu einer Unwahrheit, sogar bis zum Meineide. Gar Mancher, der des Credits bedarf, würde mit seiner Angabe wissentlich über die Wahrheit hinausgehen und sich so einen Credit zu verschaffen suchen, den er nicht verdient. Andere würden hinter der Wahrheit zurückbleiben. Die Gewissenlosesten der einen und der andern Art würden auf die Unwahrheit schwören, und die Gewissenhaften würden für sie theilweise mitbezahlen müssen, oder auf andere Weise ihre Opfer werden. Die Anordnung würde beitragen, die schon so sehr erschütterte Gewissenhaftigkeit, Wahrheitsliebe und Rechtlichkeit noch weiter zu zerstören.

Ein Vermögen- oder Einkommensteuergesetz mit Gerechtigkeit zu handhaben, ist, um es wiederholt zu sagen, *unmöglich*. Jedes Gesetz aber, welches nicht mit Gerechtigkeit und möglichst streng *ausführbar* ist, ist nicht gut, und nicht das rechte. Man hilft sich zwar bei solchen Gesetzen dadurch, daſs man es nicht so genau nimmt, aber dann ist das Gesetz nur ein Werkzeug der Willkür, und das Übel ist dann noch gröſser: denn nicht allein die vom Gesetz Betroffenen fallen dann gezwungnerweise in die Abweichung von der Wahrheit, sondern auch Die, welche das Gesetz handhaben, ihrerseits, eben so gezwungenerweise, obendrein.

§. 33.

Besteht man durchaus auf Vermögen- oder Einkommensteuer, so wird man davon bald *zurückkommen* müssen; man wird dann vielleicht wieder etwas Anderes versuchen, aber da das Ziel von Allem, die wirkliche Verbesserung, doch immer nur das Wahre und Rechte sein kann, so wird man am Ende, vielleicht erst nach langem Herumsuchen, dennoch zu Diesem sich entschlieſsen müssen. Erwägt man nun aber, wie verderblich es sein würde, mit so wichtigen und alle Staatsgenossen so unmittelbar und so scharf berührenden Gesetzen, wie das der Steuervertheilung es ist, oft zu *wechseln*, so kann der wahre Freund des Vaterlandes und des Volkswohlseins nur sehnlichst wünschen, daſs man auch hier doch *sogleich* zu dem Rechten, wenigstens zu Dem schreiten möchte, was, bei der Unvollkommenheit aller menschlichen Einrichtungen, nach der Natur der Dinge und der Verhältnisse, aus *Gründen* wenigstens für besser zu erachten ist, als alles Andere, was sich vielleicht daneben stellen läſst; und dies besteht bei den Steuern *bewiesenermaaſsen* darin:

Dafs man den Steuerbedarf auf die Staatsgenossen in dem einfachen Verhältnifs ihrer jährlichen Ausgaben, die das richtige Maafs ihres körperlichen Wohlseins, also das wahre und rechte Maafs der Steuern sind, und deren Angabe wo es nöthig von ihnen verlangt werden darf, weil sie ihnen möglich ist, auch da, wo die Angabe auffallend unrichtig scheint, mit hinreichender Genauigkeit sich prüfen läfst, weil die Ausgaben zu Tage liegen, vertheilt, für die Erhebung aber die jetzigen Verbrauchsteuern beibehält und deren auf die Einzelnen kommenden Beträge den Steuerpflichtigen auf ihre gesammte Steuer anrechnet.

Berlin im August 1850.

Einige bemerkte Druckfehler.

S. 3 Z. 6 v. u. l. eigenen st. eigene
— 5 — 12 v. o. l. ihnen st. ihn
— 13 — 16 v. o. l. verlangen st. erlangen
— 19 — 10 v. o. l. von st. mit
— 46 — 4 v. o. mufs das Wort „verhältnifsmäfsig" wegfallen.

FSC
www.fsc.org
MIX
Papier | Fördert gute Waldnutzung
FSC® C083411

Kolibri 360 GmbH
Ferdinand-Jühlke-Straße 7
99095 Erfurt, Deutschland
produktsicherheit@kolibri360.de